I0762359

MEDITACIONES DIARIAS CON EL ESPÍRITU SANTO

"Cuando vendrá el Espíritu Santo sobre ustedes, recibirán poder y serán Mis testigos."
(Hechos 1:8)

MEDITACIONES DIARIAS CON EL ESPÍRITU SANTO

MEDITACIONES PARA CADA DÍA QUE CONTIENEN UNA LECTURA DE LAS ESCRITURAS, UNA REFLEXIÓN, Y UNA ORACIÓN

por

Rev. Jude Winkler, OFM Conv.

Ilustrado

CATHOLIC BOOK PUBLISHING CORP.
Nueva Jersey

CONTENIDO

NIHIL OBSTAT: Rdo. Darwin J. Lastra
Censor Librorum

IMPRIMATUR: ✠ Kevin J. Sweeney, D. D.
Obispo de Paterson

August 21, 2023

El Nihil Obstat e Imprimatur son declaraciones oficiales de que un libro o libreto es libre de error doctrinal o moral. Esto no quiere decir, de ningún modo, que los que han concedido el Nihil Obstat e Imprimatur están de acuerdo con sus contenidos, opiniones, o afirmaciones.

Traducido por Mons. C. Anthony Ziccardi, S.S.L., S.T.D.

(T-198S)

ISBN 978-1-958237-32-8

Impreso en China 23 HA 1

catholicbookpublishing.com

Introducción

Ven, Espíritu Santo, Creador Bendito,
y quédate in nuestros corazones.
Ven con Tu gracia y ayuda celestial,
para llenar los corazones que Tú has hecho,
para llenar los corazones que Tú has hecho.

Todos los que han enseñado una clase de preparación para la Confirmación se han sorprendido por lo difícil que es explicar Quién es el Espíritu Santo. Podemos decir lo que hace el Espíritu Santo (santifica, nos colma de sus dones, guía a nosotros y a la Iglesia) y podemos hablar de los símbolos que Lo representan (la paloma, el fuego, el aceite, el agua, el viento, el aliento, etc.). Pero ¿Quién es el Espíritu Santo?

Una de las cosas más difíciles es explicar cómo el Espíritu Santo puede ser una persona. Es más fácil pensar en el Espíritu como una fuerza o una forma en que Dios Se da a conocer a nosotros. Sin embargo, sabemos que el Espíritu Santo es la tercera persona de la Santísima Trinidad. Tal vez, sólo tenemos que aceptar que esto es un misterio y que nunca podremos entender completamente Quién es el Espíritu.

Pero esto no significa que no podamos formar una relación con el Espíritu. El Espíritu

Santo fue insuflado en los corazones de los seres humanos cuando fueron creados y nuevamente en los discípulos cuando Jesús resucitó de entre los muertos. El Espíritu, el amor de Dios, nos llena y nos da poder. El Espíritu, de hecho, nos ama más de lo que podríamos amarnos a nosotros mismos.

Este libro de meditaciones ofrece para cada día un breve pasaje de las Sagradas Escrituras sobre el Espíritu o Sus dones. Después de cada versículo hay una explicación y una breve oración para aplicar los frutos de la meditación a nuestra vida cotidiana. Que este libro de meditaciones te sirva bien mientras te acercas al Espíritu, nuestro amigo y nuestro amor.

Padre Jude Winkler, OFM Cap.

EN EL principio creó Dios los cielos y la tierra... y un fuerte viento soplaba sobre la superficie de las aguas. —Gn 1:1-2

EN. 1

REFLEXIÓN. La frase traducida aquí como "fuerte viento" también podría traducirse como "el Espíritu Santo."

Cuando vivimos en pecado, el Espíritu actúa como un fuerte viento que sacude los cimientos de nuestra vida. Cuando vivimos en el amor de Dios, el Espíritu revolotea sobre nuestros corazones para producir vida.

Al hacer nuestras resoluciones de Año Nuevo, somos llamados a elegir la vida y el amor.

ORACIÓN. *Dios, llena mi corazón con Tu Espíritu para que mi vida se colme de significado y paz.*

PERO yo estoy lleno del poder del Espíritu del Señor, de autoridad, y de fuerza. —Mi 3:8

EN. 2

REFLEXIÓN. El profeta Miqueas se dio cuenta de que hablaba en nombre de Dios. Nunca se habría atrevido a hablar en su propio nombre. Estaba seguro de que el Espíritu de Dios le daba poder para profetizar. Por lo tanto, podía enfrentarse audazmente a reyes y generales.

¿Cómo puedo saber que estoy diciendo lo que Dios quiere que yo diga?

ORACIÓN. *Espíritu de Dios, lléname de Tu palabra y de Tu confianza.*

INGUNA profecía fue proferida por voluntad humana. Más bien, siendo inspirados por el Espíritu Santo, hombres hablaron de parte de Dios.

—2 Pe 1:21

EN. 3

REFLEXIÓN. Este texto se refiere al hecho de que el Espíritu Santo inspiró a los Profetas, así como todos los libros de la Biblia. "Inspirado" significa que el Espíritu sopló en estos autores, así que lo que dijeron y escribieron fueron palabras llenas de Dios.

El mismo Espíritu nos inspira al leer y a estudiar las Sagradas Escrituras.

ORACIÓN. *Palabra de Dios, que Tú inspires mi mente y mi corazón.*

N LA sabiduría hay un espíritu bienhechor que es también amigo de los hombres, firme, seguro, libre de ansiedad, y todopoderoso. . . —Sb 7:23

EN. 4

REFLEXIÓN. El Espíritu de Dios nos enseña cómo podemos vivir nuestra fe con gran generosidad de espíritu.

Hay una dimensión vertical de nuestra fe: alabando y adorando a Dios. Pero también hay una dimensión horizontal de nuestra fe: mostrando amor a nuestros hermanos, hijos amados de Dios.

ORACIÓN. *Dios, que yo Te alabe, sirviendo a Tus hijos.*

A PLENITUD de la sabiduría es *el temor del Señor;* está presente con los fieles desde el seno materno. —Sir 1:14

EN. 5

REFLEXIÓN. El temor del Señor no significa tener miedo de Dios. Significa estar asombrado y maravillado ante Su grandeza.

Al reconocer que Dios es Dios y que nosotros somos criaturas, se desarrolla en nosotros un sano sentido de humildad. Reconocemos nuestra necesidad de sabiduría y gracia, que son ambos dones del Espíritu Santo.

ORACIÓN. *Dame Tu sabiduría y Tu gracia, Señor, para que yo rebose de admiración y asombro.*

A SABIDURIA es la irradiación de la luz eterna, el espejo sin mancha de la actividad de Dios. —Sb 7:26

EN. 6

REFLEXIÓN. La sabiduría nos revela el resplandor de la gloria de Dios y, por lo tanto, nos ayuda a reconocer que hay otro nivel de la realidad más allá de lo que podemos ver y percibir con nuestros ojos mortales.

Como los Reyes Magos que siguieron la estrella de Belén, buscamos la fuente de este resplandor.

ORACIÓN. *¡Espíritu de sabiduría, guíame con la luz de Tu revelación.*

YO LE pediré al Padre, y Él les dará otro Consolador [Paráclito] para que esté con ustedes para siempre. —Jn 14:16

EN. 7

REFLEXIÓN. La palabra Paráclito tiene muchos significados. Podría traducirse como abogado o consejero o consolador o vindicador, etc. Quiere expresar todos estos significados.

Jesús fue el primer Paráclito. Cuando Jesús ascendió al Padre, Ellos enviaron el Espíritu Santo sobre nosotros para que Él fuera todas estas cosas para nosotros.

ORACIÓN. *Espíritu Santo, sé mi abogado, mi consejero, mi consolador, y mi vindicador.*

MIENTRAS llevaban a Susana al lugar de la ejecución, Dios despertó el espíritu santo de un joven llamado Daniel. —Dn 13:45

EN. 8

REFLEXIÓN. El Espíritu Santo nos revela muchas cosas. Además de las verdades sublimes de nuestra fe, el Espíritu nos ayuda a distinguir el bien del mal.

El Espíritu viene en nuestra ayuda cuando sufrimos por las buenas decisiones que hemos tomado (p.ej., cuando somos malinterpretados, burlados, etc.)

ORACIÓN. *Espíritu de Dios, dame el coraje para dar testimonio de la verdad y defender a los débiles y a los sin poder.*

L FRUTO del Espíritu es amor, gozo, paciencia, benignidad, generosidad, fidelidad, humildad, y dominio propio. **EN. 9**

—Ga 5:22-23

REFLEXIÓN. Aunque los discípulos sufrieron persecución, estaban llenos de alegría. Se habría esperado que estuvieran deprimidos, enojados, o resentidos. El hecho de que respondieron a la persecución con alegría es una señal de que el Espíritu guiaba sus acciones.

Podemos usar esta misma prueba con nuestras propias palabras y acciones.

ORACIÓN. *Lléname de alegría, oh Espíritu de Dios, aun cuando las cosas no van bien.*

A ESPERANZA no desilusiona, porque el amor de Dios ha sido derramado en nuestros corazones por el Espíritu Santo... **EN. 10**

—Ro 5:5

REFLEXIÓN. El Espíritu Santo es el amor entre el Padre y el Hijo y es Su amor por nosotros.

Cuando recibimos el Espíritu, aprendemos el verdadero significado del amor y del servicio. Esto también nos colma de esperanza, porque el consuelo que recibimos es una especie de garantía de que Dios cumplirá todas Sus promesas.

ORACIÓN. *Enséñame el verdadero significado del amor, oh Señor.*

EL NOS salvó mediante el baño de la regeneración y la renovación por el Espíritu Santo, Que derramó sobre nosotros abundantemente por medio de Jesucristo nuestro Salvador. —Tit 3:5-6

EN. 11

REFLEXIÓN. Los seres humanos fueron creados cuando Dios sopló Su Espíritu en Adán. Fuimos renovados cuando Jesús insufló Su Espíritu en Sus discípulos.

Este aliento se renueva en cada uno de nuestros corazones cuando nos volvemos al Señor y rechazamos lo que podría degradarnos.

ORACIÓN. *Sopla Tu Espíritu en mi corazón, oh Señor.*

JUNTO a las orillas del río, a uno y otro lado, había toda clase de árboles frutales; sus hojas no se marchitaban jamás, ni faltaba su fruto. —Ez 47:12

EN. 12

REFLEXIÓN. Ezequiel se refiere a la gracia que iba a brotar del templo. Esta gracia es un don del Espíritu Santo Que eleva nuestras oraciones al Señor y comparte el amor de Dios con nosotros.

Experimentamos esta misma gracia cuando celebramos la Eucaristía.

ORACIÓN. *Espíritu de Dios, concede que nuestro corazón y nuestra tierra se llenen de Tu vida.*

E ELLO el Espíritu da testimonio porque el Espíritu es la verdad. —1 Jn 5:6

EN. 13

REFLEXIÓN. ¿Cómo sabemos que lo que creemos es verdad? Uno de los medios más importantes es escuchar al Espíritu Santo Quien habla en nuestros corazones.

Intuimos que lo que escuchamos tiene sentido. Esta intuición proviene del Espíritu Que nos asegura en lo más profundo de nuestro ser que hemos encontrado la verdad.

ORACIÓN. *Enséñame Tu verdad, oh Espíritu de Dios, para que yo siempre camine en ella.*

O AVIENTES a todo viento, ni camines por cualquier sendero. —Sir 5:11

EN. 14

REFLEXIÓN. Es esencial discernir lo que el Espíritu quiere cuando tomamos decisiones importantes en nuestra vida.

A través de la oración, el ayuno, la lectura espiritual, el consejo espiritual, el discernimiento de señales, la percepción de nuestras motivaciones ocultas, etc., aprendemos poco a poco lo que Dios quiere de nosotros.

ORACIÓN. *Guíame en Tus senderos, oh Señor, para que yo sepa lo que quieres de mí.*

A ORACION del justo es poderosa y eficaz. —Sant 5:16

EN. 15

REFLEXIÓN. Las oraciones son palabras llenas de Dios en las que se unen nuestro amor y el amor de Dios. Este amor abraza a las personas por las que rezamos, y el amor siempre cambia a las personas y las situaciones.

Esto no significa que siempre obtendremos lo que queremos, pero Jesús promete que conseguiremos lo que necesitamos.

ORACIÓN. *Señor, enséñame a orar.*

¿

UIEN conocerá Tu voluntad, si Tú no le has dado primero la sabiduría, o no le has enviado de lo alto Tu Espíritu Santo? —Sb 9:17

EN. 16

REFLEXIÓN. Cuando tratamos de discernir la voluntad de Dios, Le pedimos al Espíritu Santo que aclare qué curso de acción debemos escoger. Así, nos entregamos a lo que el Espíritu quiere de nosotros.

¿Significa esta entrega que perdemos nuestra libertad? O en realidad, ¿somos más libres cuando elegimos la voluntad de Dios?

ORACIÓN. *No se haga mi voluntad, sino la Tuya, oh Señor.*

LENO del Espíritu Santo, Jesús volvió del Jordán y fue llevado por el Espíritu al desierto por cuarenta días... —Lc 4:1-2

EN. 17

REFLEXIÓN. El Espíritu condujo tanto a Jesús como a San Antonio el Ermitaño al desierto para ayudarlos a purificar sus motivos para que pudieran dedicarse totalmente a la voluntad del Padre.

A veces, debemos retirarnos para que el Espíritu nos ayude a purificar nuestras intenciones.

ORACIÓN. *Llévame al desierto, oh Espíritu de Dios, para que los motivos de mi corazón puedan purificarse.*

AY en la sabiduría un espíritu... que todo lo ve y que penetra todos los espíritus. —Sb 7:22-23

EN. 18

REFLEXIÓN. A veces, al hacer cosas malas, pensamos que Dios no puede vernos y, por lo tanto, Él no sabe lo que hacemos.

Pero Dios lo sabe todo. Dios conoce también nuestras motivaciones ocultas, porque el Espíritu de Dios nos conoce mejor que nosotros mismos.

ORACIÓN. *Espíritu de sabiduría, revela lo oculto, aclara lo confuso.*

LLOS se rebelaron, ofendieron Su Santo Espíritu. Por eso Se convirtió en su enemigo y peleó contra ellos. —Is 63:10

EN. 19

Reflexión. Cuando pecamos, Dios no nos odia. El Espíritu Santo, el Espíritu de amor y compasión, siempre nos ofrece el amor de Dios.

Al pecar, le damos la espalda a este amor. Nos hacemos enemigos de Aquel Que siempre nos ama.

Oración. *Que me vuelva a Ti, oh Dios, para poder amarte como Tú me amas.*

O ENTRISTEZCAN al Espíritu Santo de Dios por el Cual fuisteis sellados para el día de la redención. —Ef 4:30

EN. 20

Reflexión. Cuando fuimos sellados por el don del Espíritu, Dios derramó Su increíble dignidad sobre nosotros. La Santísima Trinidad nos ha invitado a participar de Su propia vida.

Apartarse de esta vida de gracia, cometer pecado, sería un rechazo desastroso de lo que Dios nos ha invitado a ser.

Oración. *Señor, ayúdame a ser lo que Tú me creaste para ser.*

IOS nos ha llamado a la santificación, no a la impureza. El que rechaza estas instrucciones rechaza ... a Dios Quien les da a ustedes también Su Espíritu Santo. —1 Te 4:7-8

EN. 21

REFLEXIÓN. Dios pone el Espíritu Santo en nuestros corazones. Como la Eucaristía, que es pan tan lleno del Espíritu que se convierte en el cuerpo de Cristo, así también nuestros cuerpos humanos se han vuelto tan llenos del Espíritu que hemos llegado a ser parte del Cuerpo Místico de Cristo.

Debemos tratar nuestros cuerpos con dignidad y no permitir que sean maltratados practicando la impureza.

ORACIÓN. *Que yo anuncie la Buena Nueva a través de la pureza de mis caminos.*

ERMANOS, escojan de entre ustedes a siete hombres de buena reputación, llenos del Espíritu Santo y de sabiduría. —He 6:3

EN. 22

REFLEXIÓN. El primer requisito para el servicio en la Iglesia es estar lleno del Espíritu Santo.

Servir o no servir, no es realmente nuestra elección personal. Es el Espíritu Quien nos llama al ministerio y el Espíritu Quien nos da el valor y el amor para responder a este llamado con generosidad.

ORACIÓN. *Enséñame, Espíritu de Dios, cómo puedo servir a Tu santa Iglesia.*

N ESTOS últimos días, Dios nos ha hablado por Su Hijo ... por medio de Quien hizo el universo. —Heb 1:2

EN. 23

REFLEXIÓN. Es a través del Espíritu Santo que Dios hizo presente a Jesús en el mundo. Fue a través de este mismo Espíritu que Dios pronunció la Palabra que creó el mundo (y esta Palabra fue Jesús).

Esto nos recuerda cómo el Espíritu recrea el mundo para convertirlo en el reino de Dios y cómo este mismo Espíritu santifica nuestros corazones.

ORACIÓN. *Que Tu Espíritu me recree a Tu imagen, oh Señor.*

UANDO llegaron a la frontera de Misia, intentaron pasar a Bitinia, pero el Espíritu de Jesús no se lo permitió. —He 16:7

EN. 24

REFLEXIÓN. Bitinia ya había sido catequizada por misioneros de Jerusalén, y Pablo se sintió llamado a predicar donde nunca se había predicado la Palabra.

A menudo, el Espíritu nos conduce por fuertes atracciones a cierto curso de acción, y por diferentes sentimientos en contra de otro curso de acción.

ORACIÓN. *Que yo siempre escuche los susurros del Espíritu dentro de mi corazón.*

NANIAS fue y entró en la casa. Le impuso las manos a Saulo y le dijo: "Recupera la vista y sé lleno del Espíritu Santo." —He 9:17

EN. 25

REFLEXIÓN. Cuando Pablo experimentó el amor de Dios en Cristo y el don del Espíritu Santo, se transformó su vida. Ya no vivía para hacer cosas. Su vida se centraba en amar a Alguien.

¿Puedo yo decir lo mismo de mí? ¿Consiste mi fe en hacer o en amar?

ORACIÓN. *Que nunca me vea envuelto tanto en hacer cosas así que pierda de vista mi verdadero objetivo: ¡el amor!*

IMOTEO, hijo mio, te doy estas instrucciones conforme a las profecías que antes se hicieron acerca de ti. —1 Tim 1:18

EN. 26

REFLEXIÓN. Los miembros de la comunidad de San Timoteo percibieron que Dios lo llamaba a un ministerio especial en su comunidad.

Esto debería haberle dado confianza, ya que él no había tomado la decisión por sí mismo. Ya que el Espíritu lo llamaba, el mismo Espíritu lo empoderaría con autoridad y ánimo.

ORACIÓN. *Espíritu Santo, dame los dones que necesito para hacer el trabajo al que Tú me llamas.*

E PIDO [al Padre] que de las riquezas de Su gloria les conceda que sean fortalecidos con poder en el hombre interior por Su Espíritu. —Ef 3:16

EN. 27

REFLEXIÓN. La verdadera fuerza no se encuentra en ser terco o arrogante, sino en permitir que el Espíritu Santo habite en el corazón para que sigamos Sus impulsos.

Es este Espíritu Quien nos libera de nuestro egoísmo porque él nos recuerda que Dios debería ser el centro de lo que somos y de lo que hacemos.

ORACIÓN. *Enriquéceme con Tu Espíritu, oh Señor, para que me entregue a Tu voluntad.*

NVIO mi instrucción como el alba para que se conozca en países muy lejanos. —Sir 24:30

EN. 28

REFLEXIÓN. Es el Espíritu Santo Quien otorga los dones de entendimiento, conocimiento, y sabiduría. Santo Tomás de Aquino demostró tan poderosamente estos dones en sus estudios y escritos.

Oramos al Espíritu para que nos guíe en nuestros propios estudios (ya sean estudios formales u oración y reflexión llenas de fe).

ORACIÓN. *Que siempre quiera yo saber más sobre mi fe, Señor, para que pueda unirme a Ti.*

O LOS sanaré de su rebelión. Los amaré de voluntad, pues Mi furor se apartó de ellos. —Os 14:5

EN. 29

REFLEXIÓN. Todos somos pecadores. Todos nos hemos alejado del Señor, pero Él siempre está listo para recogernos. Al pecar, nos hacemos daño a nosotros mismos; nos rompemos el propio corazón.

El Padre envía Su Espíritu Santo a nuestros corazones para otorgarnos el perdón y sanar cualquier daño que nos hayamos hecho a nosotros mismos.

ORACIÓN. *Oh Señor, que Tu Espíritu de perdón sane mi corazón.*

E AQUI, derramaré Mi espíritu sobre ustedes, les haré conocer mis palabras. —Pr 1:23

EN. 30

REFLEXIÓN. El Espíritu Santo inspiró la Palabra de Dios. El Espíritu insufló santidad en los pensamientos y talentos de los autores sagrados para que produjeran mucho más que palabras humanas. Produjeron la Palabra de Dios.

Al leer las Sagradas Escrituras en el Espíritu, nos encontramos con esta Palabra viva en todo su poder.

ORACIÓN. *Que la Palabra de Dios hable a mi corazón y que me conduzca en mis caminos.*

ERRAMARÉ Mi instrucción como profecía y la doy a las futuras generaciones. —Sir 24:31

EN. 31

REFLEXIÓN. San Juan Bosco, lleno del celo del Espíritu Santo, se dedicó a la educación de los jóvenes. Se dio cuenta de que el don había sido dado para ser compartido con los jóvenes para que pudieran ser guiados en su desarrollo y conducidos en los caminos de Dios.

¿Qué hago para compartir mi fe con los demás?

ORACIÓN. *Lléname de celo, Espíritu Santo, para que comparta mi fe con palabras y obras.*

OISES dijo: "¡Ojalá que fueran profetas todo el pueblo del Señor, y que el Señor pusiera Su Espíritu en todos ellos!" —Nm 11:29

FEBR. 1

REFLEXIÓN. Cuando Moisés escogió a los 72 ancianos de Israel para compartir su autoridad con ellos, dos recibieron este don en el campamento. Moisés no se opuso a esto. Más bien, dijo que deseaba que todos recibieran este regalo.

¿Me regocijo cuando otros reciben dones del Espíritu Santo tanto como cuando yo recibo Sus dones?

ORACIÓN. *Espíritu Santo, desciende sobre todo Tu pueblo y comparte Tus dones abundantes con ellos.*

OVIDO por el Espíritu, Simeón entró en el templo. —Lc 2:27

FEBR. 2

REFLEXIÓN. Simeón, un hombre dispuesto a la acción del Espíritu, pudo responder a los impulsos de Dios y reconocer el cumplimiento de la promesa de Dios en la persona de Jesús.

El Espíritu Santo nos prepara para escuchar el llamado de Dios, y luego este mismo Espíritu nos ayuda a reconocer el momento conveniente para responder a este llamado.

ORACIÓN. *Señor, abre mis oídos a Tu llamado y mi corazón a Tu amor.*

N VERDAD, te digo que el que no nazca de agua y del Espíritu no puede entrar en el reino de Dios. —Jn 3:5

FEBR. 3

REFLEXIÓN. Jesús habla de dos cosas que son necesarias para entrar en el reino de Dios.

Es necesario nacer del agua, lo que significa recibir el sacramento del Bautismo para comprometerse públicamente con Cristo. También hay que nacer del Espíritu para ser renovado en el corazón por el soplo de Dios.

ORACIÓN. *Que mi compromiso contigo, Señor, se vea tanto en lo que hago como en lo que soy.*

EL DERRAMÓ la sabiduría sobre todas sus obras, sobre todos los seres vivos, según Su generosidad. La prodigó en quienes lo aman. —Sir 1:8

FEBR. 4

REFLEXIÓN. Dios no es tacaño con Su amor y Sus dones. Los derrama en abundancia.

Al hacer buenas obras, nuestro corazón se vuelve más receptivo al amor de Dios. Al pecar, nuestro corazón se cierra a los dones que Dios nos ofrece.

ORACIÓN. *Señor, que yo sea tan generoso en mi respuesta a Ti como lo eres Tú al concederme Tus dones.*

EN ESTO sabemos que permanecemos en Él y Él en nosotros: en que nos ha dado de Su Espíritu. —1 Jn 4:13

FEBR. 5

REFLEXIÓN. Jesús vino a este mundo para que podamos vivir en comunión con Él. Fuimos creados primariamente para eso.

Es el Espíritu Santo Quien es la unión entre el Padre y Jesús y Quien nos une a Ellos en un lazo de amor eterno.

ORACIÓN. *Espíritu Santo, quédate en mi corazón para que yo pueda vivir y amar en Ti.*

USTEDES se hicieron imitadores nuestros ... ya que, a pesar de mucho sufrimiento, recibieron la palabra con la alegría en el Espíritu Santo. —1 Te 1:6

FEBR. 6

REFLEXIÓN. La alegría no es necesariamente la felicidad. La felicidad consiste en una gratificación momentánea. Al sufrir, no se puede estar feliz, pero se puede estar alegre.

La alegría es la sensación de que estamos donde debemos estar. Es la firme creencia de que estamos en comunión con Dios, pase lo que pase.

ORACIÓN. *Concédeme Tu alegría, oh Señor, y permíteme compartirla con aquellos que se han desanimado.*

NUESTRA competencia proviene de Dios, el Cual nos hizo ministros de una nueva alianza, no de la letra, sino del Espíritu. —2 Cor 3:5-6

FEBR. 7

REFLEXIÓN. San Pablo contrasta la observancia externa de las reglas con una conversión interior del amor en el Espíritu.

Las acciones externas pueden parecer buenas, pero no nos renuevan. Sólo cuando nos enamoramos de Dios, cuando el amor de Dios (el Espíritu Santo) y nuestro amor se unen, nos convertimos en una nueva creación.

ORACIÓN. *Escribe Tu nueva alianza en mi corazón, oh Señor, para que yo viva plenamente en Ti.*

N LA sabiduría hay un espíritu *penetrante* que es móvil, bienhechor, y firme...

—Sb 7:22-23

FEBR. 8

REFLEXIÓN. El Espíritu de Dios no es como un cuchillo sin filo que no puede cortar. Más bien, el Espíritu es como una hoja afilada que puede cortar directamente al corazón del asunto.

El Espíritu puede ayudarnos a explorar lo que está oculto y confuso y a arreglar nuestras motivaciones para que podamos ser y hacer lo que está lleno del Espíritu.

ORACIÓN. *Espíritu de Dios, envía Tu Palabra, Tu espada aguda de dos filos, a mi corazón como lo hiciste con la Santísima Virgen María.*

ESUS, lleno del poder del Espíritu, regresó a Galilea.

—Lc 4:14

FEBR. 9

REFLEXIÓN. Jesús, siendo obediente a la voluntad del Padre, siguió siempre la guía del Espíritu. Esto es también lo que debe hacer la Iglesia. Y es exactamente lo que hace en los Hechos de los Apóstoles.

La obediencia de Jesús es el modelo de lo que cada uno de nosotros debería hacer en nuestra vida de fe.

ORACIÓN. *Condúceme, Espíritu Santo, por los caminos de Dios.*

L QUE conoce a Dios nos oye... De este modo distinguimos el espíritu de la verdad del espíritu del error. —1 Jn 4:6

FEBR. 10

REFLEXIÓN. Puede ser difícil distinguir la verdad de las mentiras. Tenemos que escuchar al Espíritu Que habla en nuestros corazones, pero también tenemos que escuchar la voz del Magisterio.

En esta carta, el anciano le recuerda a la comunidad que el Espíritu Santo le ha dado a él autoridad para guiarla en los caminos del Señor.

ORACIÓN. *Señor, protege a los que has elegido para dirigir a la Iglesia.*

A SABIDURIA es resplandeciente e inmarcesible, y se deja ver fácilmente por los que la aman. —Sb 6:12

FEBR. 11

REFLEXIÓN. Es difícil describir a Dios porque transciende nuestro entendimiento. Por lo tanto, debemos usar palabras como "luz" y "resplandor."

El Espíritu ilumina nuestros caminos y resplandece gloriosamente. El Espíritu es tan glorioso que nos atrae hacia Sí mismo y nos colma de asombro.

ORACIÓN. *Señor, déjame ver Tu resplandor, aunque sea sólo por un momento.*

N EL día del Señor, fui arrebatado en el Espíritu, y oí detrás de mí una gran voz. —Ap 1:10

FEBR. 12

REFLEXIÓN. En el día del Señor, domingo, el vidente estaba receptivo de manera especial al Espíritu Santo. Ya que tenía un corazón abierto, pudo escuchar lo que el Señor le decía.

La voz de Cristo llegó tan poderosa como si fuera una trompeta. Si no quedamos receptivos, no importa cuán fuerte sea la voz de Cristo, no podremos escucharla.

ORACIÓN. *Háblame fuerte y claramente, oh Señor, para que pueda conocer Tu voluntad.*

L ESPÍRITU mismo intercede por nosotros con gemidos que no pueden expresarse con palabras. —Ro 8:26

FEBR. 13

REFLEXIÓN. Hay momentos en que las palabras no son suficientes. Ni siquiera sabemos cómo expresar lo que necesitamos porque ni siquiera estamos seguros de qué es lo que nos más conviene.

En momentos como estos, el Espíritu ora por nosotros, elevando nuestras necesidades desconocidas al Padre en el nombre de Jesús.

ORACIÓN. *Amoroso Espíritu de Dios, ora por mí cuando no pueda orar por mí mismo.*

L ME ha concedido la gracia para ser ministro a los gentiles… a fin de que sean ofrenda aceptable, consagrada por el Espíritu Santo. —Ro 15:16

FEBR. 14

REFLEXIÓN. San Pablo habla de su servicio sacerdotal de presentar a los gentiles como ofrenda fragante al Padre. En lugar de ser consumida por el fuego, esta ofrenda se santifica por el fuego del Espíritu Santo.

Dios ha llamado también a nosotros a ser Sus colaboradores para llevar las personas a la salvación.

ORACIÓN. *Señor, que siempre esté dispuesto a compartir mi fe con los que necesitan escuchar las Buenas Nuevas.*

OS que son guiados por el Espíritu de Dios son hijos de Dios. —Ro 8:14

FEBR. 15

REFLEXIÓN. ¿Qué significa ser un "hijo de Dios"? Los padres aman a sus hijos y quieren lo mejor para ellos. Hay una intimidad en su relación que sobrevive tanto al tiempo como a las luchas.

Los niños deben confiar en sus padres, obedecerlos, y aprender de ellos las lecciones de la vida. Los padres deben estar dispuestos a morir por sus hijos, y sus corazones se quebrantan cuando ven que sus hijos cometen errores graves.

ORACIÓN. *Padre nuestro, Que estás en el cielo…*

CERCA de la salvación, los Profetas estudiaron e indagaron. —1 Pe 1:10

FEBR. 16

REFLEXIÓN. Los Profetas hablaban pensando en su propio tiempo; pero a menudo, el Espíritu Santo tenía en mente un significado adicional y lo expresó por sus palabras.

El Espíritu los animó a hablar de una manera que también se refería al plan de Dios para nosotros, un plan para salvarnos de nuestros pecados e invitarnos a compartir la gloria de Dios por toda la eternidad.

ORACIÓN. *Señor, ayúdame a reconocer que más cosas están sucediendo de las que puedo percibir fácilmente.*

L VIENTO sopla donde quiere, y oyes su sonido, pero no sabes de dónde viene ni adónde va. —Jn 3:8

FEBR. 17

REFLEXIÓN. En los idiomas bíblicos, la misma palabra significa "Espíritu" y "viento." Jesús le dice a Nicodemo que no podemos controlar la acción del Espíritu Santo.

El Espíritu a menudo nos sorprende de maneras que nunca hubiéramos esperado, a veces moviéndose pacíficamente y otras veces con fuerza.

ORACIÓN. *Sorpréndeme, Espíritu de Dios. Que siempre esté receptivo a Tus impulsos dondequiera que me lleven.*

RACIA y paz a ustedes de parte de ... los siete espíritus que están delante de Su trono... —Ap 1:4

FEBR. 18

REFLEXIÓN. El Libro del Apocalipsis habla de los Espíritus que están de pie ante el trono del Padre.

Siete es el número perfecto. El Espíritu Se nos manifiesta de muchas, muchas maneras diferentes. Nos encontramos con el Espíritu en la vida, el amor, la revelación, el perdón, la compasión, etc.

ORACIÓN. *Que encuentre yo Tu gracia de tantas maneras hoy, Espíritu Santo, y que quede en esta gracia.*

ON esto se refería al Espíritu ... Que no había sido dado todavía, pues Jesús aún no había sido glorificado. —Jn 7:39

FEBR. 19

REFLEXIÓN. Recibir la gloria es vivir en la plenitud del amor de Dios, un amor que lleva a Jesús a la Cruz, la Resurrección, y la Ascensión.

¿Por qué no pudo descender el Espíritu Santo antes de que esto sucediera? Quizás porque Jesús tuvo que hacer explícito en la Cruz cuán profundo era Su amor para que se entendiera el amor del Espíritu.

ORACIÓN. *Dame, oh Señor, Tu don del Espíritu Santo para que esté dispuesto a llevar mi cruz cada día de mi vida.*

L ALTISIMO conoce todo y fija Su mirada en el signo del tiempo. —Sir 42:18

FEBR. 20

REFLEXIÓN. A lo largo de las Sagradas Escrituras escuchamos que Dios tiene un plan para nosotros.

Al discernir y aceptar este plan, experimentamos una sensación profunda de paz. Cuando rechazamos este plan porque pensamos que exige demasiado de nosotros, experimentamos la inquietud y frustración.

ORACIÓN. *Espíritu de Dios, enséñame a someterme a Tu plan.*

L QUE es espiritual puede examinar todas las cosas, pero no puede ser examinado por nadie. —1 Cor 2:15

FEBR. 21

REFLEXIÓN. Si vivimos en el Espíritu, seremos capaces de escudriñar los corazones de quienes nos rodean.

Por supuesto, si advertimos que sus corazones están quebrantados por la vida o por sus propios pecados, experimentaremos compasión por ellos y desearemos su sanación.

ORACIÓN. *Espíritu de Dios, que yo me vea a mí mismo y a los demás como Tu nos ves.*

NTRANDO en las almas santas de generación en generación, hace de ellas amigos de Dios y Profetas. —Sb 7:27b

FEBR. 22

REFLEXIÓN. Cuando entra el Espíritu Santo en nuestro corazón, nos convertimos en amigos de Dios. El Espíritu nos llama a compartir esta relación con los demás.

Ésta es nuestra vocación profética: somos enviados a proclamar la Buena Nueva de que Dios nos ama tanto que ha mandado a Su Hijo a morir en la Cruz por amor a nosotros.

ORACIÓN. *Que siempre me gloríe en la sabiduría de la Cruz y dé testimonio de esta sabiduría en mi vida diaria.*

L QUE tenga oídos, que oiga lo que el Espíritu dice a las Iglesias. El que salga vencedor no sufrirá daño de la segunda muerte. —Ap 2:11

FEBR. 23

REFLEXIÓN. San Policarpo no tuvo miedo de morir por la fe. El Espíritu le había asegurado que le esperaba la vida y no la muerte.

Es el Espíritu Quien nos da el valor de morir a nosotros mismos para vivir con Él.

ORACIÓN. *Espíritu de Dios, que siempre yo me acuerde que la muerte no es el final sino un nuevo comienzo.*

ODAS estas cosas las hace un mismo y único Espíritu, Que las distribuye a cada uno como Él quiere. —1 Cor 12:11

FEBR. 24

REFLEXIÓN. San Pablo afirmó que el Espíritu Santo es la fuente de todos los dones espirituales (también llamados carismas).

El Espíritu da estos dones a quien Él quiere (así que no debemos quejarnos de que no tenemos este o aquel don). Sin embargo, podemos orar para recibir un don particular según la voluntad del Espíritu.

ORACIÓN. *Dame, Espíritu Santo, los dones que más necesito, y enséñame a anhelar aquellos dones que son más útiles.*

L ANGEL me dijo: "Estas palabras son fieles y verdaderas porque el Señor Dios Que inspira a los Profetas ha enviado a Su ángel. —Ap 22:6

FEBR. 25

REFLEXIÓN. El mismo Espíritu Santo Que inspiró a los Profetas también inspiró al autor del Libro del Apocalipsis.

Este libro no fue escrito para predecir el fin del mundo, sino para decirnos lo que debemos hacer mientras esperamos el Día del Señor: dar testimonio de la Buena Nueva.

ORACIÓN. *Señor, junto con el Espíritu Santo, yo clamo: "Ven, Señor Jesús."*

O DESCENDERÉ y hablaré contigo allí. Tomaré del Espíritu que está en ti y Lo pondré en ellos. —Nm 11:17

FEBR. 26

REFLEXIÓN. Moisés no estaba celoso de su autoridad. Quería compartirla con los ancianos del campamento. Se dio cuenta de que la gracia del Espíritu de Dios no fue dada para ser acaparada.

Nosotros también deberíamos querer compartir nuestros talentos con aquellos que más los necesitan.

ORACIÓN. *Que siempre esté dispuesto, oh Espíritu de Dios, a compartir mis dones con los demás.*

N ESPÍRITU de *consejo* y de fortaleza, de conocimiento, y de temor del Señor. —Is 11:2

FEBR. 27

REFLEXIÓN. A menudo necesitamos la ayuda de otras personas para descubrir lo que Dios quiere de nosotros. Es relativamente fácil distinguir lo que es malo de lo que es bueno, pero es mucho más difícil distinguir lo que es bueno de lo que es mejor y lo que es malo de lo que es peor.

El Espíritu Santo nos da el consejo que necesitamos a través de signos externos e internos de la gracia.

ORACIÓN. *Oh Espíritu Santo, que yo nunca tenga miedo de buscar el consejo Tuyo y de los que has puesto en mi vida.*

Y LA oración de fe salvará al enfermo, y el Señor lo levantará. —Sant 5:15

FEBR. 28

REFLEXIÓN. Una oración llena de fe es una expresión de amor y confianza en Dios. El Espíritu de Dios eleva este amor al Padre y nos comunica el amor del Padre.

A veces esto trae la salud física. A veces esto trae la curación del espíritu (que experimenta la paz sin curación física).

ORACIÓN. *Enséñame a creer en el poder de la oración, oh Señor.*

HA PARECIDO bien al Espíritu Santo y a nosotros no imponerles a ustedes ninguna carga más. —He 15:28

FEBR. 29

REFLEXIÓN. En los primeros días de la Iglesia, los Apóstoles reconocieron que el Espíritu Santo los guiaba.

El Espíritu aún guía el Magisterio de la Iglesia. El Papa es infalible cuando habla *ex cathedra* sobre la fe y la moral. El Espíritu guía las decisiones de los concilios de la Iglesia. No estamos solos.

ORACIÓN. *Espíritu de Dios, concédeme escuchar Tu voz cuando hablas a través del Magisterio de la Iglesia.*

UANDO el Espíritu del Señor vendrá sobre ti, Saúl, entrarás con ellos en trance profético. —1 Sam 10:6

MZO. 1

REFLEXIÓN. Al bautizarnos, el Espíritu nos hace renacer como hijos de Dios. Al igual que el rey Saúl, se nos da los papeles de rey y de profeta.

En nuestro papel de rey, tenemos la autoridad para guiar a la sociedad, la Iglesia, y nuestra familia en los caminos de Dios. En nuestro papel de profeta, miramos las cosas a través de los ojos de Dios.

ORACIÓN. *Ayúdame a comprender, Espíritu de Dios, lo que significa compartir con Cristo los papeles de rey, profeta, y sacerdote.*

[

EDRO y Juan] les impusieron las manos, y ellos recibieron el Espíritu Santo. —He 8:17

MZO. 2

REFLEXIÓN. Al imponer las manos, los brazos se extienden de modo que casi parecen tener la forma de las alas de una paloma.

Así como el Espíritu Santo se revoloteaba sobre las aguas y descendió sobre Jesús en el Jordán y sobre la Santísima Virgen María y los Apóstoles en el domingo de Pentecostés, así el Espíritu desciende sobre aquellos por quienes rezamos.

ORACIÓN. *Pon Tus manos sobre mí, oh Señor, y conságrame en Tu amor.*

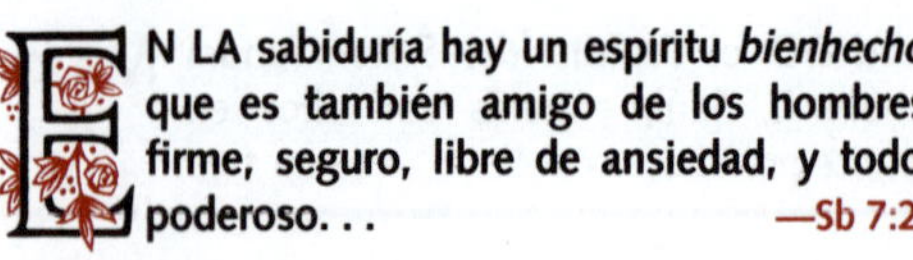

MZO. 3

EN LA sabiduría hay un espíritu *bienhechor* que es también amigo de los hombres, firme, seguro, libre de ansiedad, y todopoderoso. . . —Sb 7:23

REFLEXIÓN. Si vivimos en el Espíritu, querremos lo mejor para los demás. Con creatividad, encontráramos formas de apoyarlos y alentarlos.

Al despertarnos por la mañana, debemos pensar en cómo podemos ayudar a los demás. Al hablar de ellos, debemos decir lo que es verdadero, amable, y útil.

ORACIÓN. *Concédeme un espíritu bondadoso, Señor, para que pueda compartir Tu compasión con los demás.*

MZO. 4

EL PRIMER hombre, Adán, se convirtió en ser viviente; el último Adán, en espíritu vivificante. —1 Cor 15:45

REFLEXIÓN. El primer Adán eligió pecar; y al hacer así, rompió nuestros corazones, dañando algo precioso en nosotros.

El segundo Adán, Jesús, nos sanó de las heridas causadas por el primer pecado. Él insufló el Espíritu de nuevo en nosotros, colmándonos de tanta vida que ni siquiera la muerte puede conquistarnos.

ORACIÓN. *Lléname con Tu espíritu vivificante, Jesús, para que viva contigo para siempre.*

L SONDEA el abismo y el corazón humano; y Él ve claro en sus secretos designios. —Sir 42:18a

MZO. 5

REFLEXIÓN. Ninguna parte de nuestra vida es desconocida a Dios. No hay motivación que el Espíritu no conoce. De hecho, el Espíritu Santo nos conoce mejor que nosotros mismos porque a veces podemos engañarnos acerca de lo que realmente está pasando en nuestro ser interior.

Cuando vivimos en el Espíritu, estos rincones ocultos de nuestro corazón se iluminan.

ORACIÓN. *Espíritu de Dios, ilumina los pensamientos secretos de mi corazón y los deseos ocultos de mi alma.*

ELANTE del trono había siete lámparas de fuego ardiendo, los siete espíritus de Dios. —Ap 4:5

MZO. 6

REFLEXIÓN. En las Escrituras, a menudo se habla del Espíritu Santo en términos de fuego. En este pasaje se habla de lámparas de fuego; y en otros pasajes, de lenguas de fuego, candelabros que queman el aceite sagrado de los dos olivos, fuego purificador, etc.

El fuego produce luz; y el calor quema lo que está muerto y promueve el crecimiento de algo nuevo.

ORACIÓN. *Fuego consumidor, quema las impurezas de mi corazón.*

A PALABRA de Dios es viva y eficaz ... discierne los pensamientos y las intenciones del corazón. —Heb 4:12

MZO. 7

REFLEXIÓN. A menudo hemos visto el efecto que pueden tener las palabras. Una palabra amable puede alegrar a alguien. Una palabra crítica puede desanimarlo. Una palabra de rechazo puede romperle su corazón.

La Palabra de Dios es mucho más poderosa. Puede transformar civilizaciones. Y, sin embargo, puede ser muy íntima, hablándonos individualmente en los rincones más secretos de nuestros corazones.

ORACIÓN. *Háblame, oh Palabra de Dios, y recréame a imagen y semejanza del Señor.*

L FARAON les preguntó a sus ministros: —¿Podremos encontrar una persona así, en quien esté el Espíritu de Dios? —Gn 41:38

MZO. 8

REFLEXIÓN. Incluso el Faraón, un pagano, pudo reconocer el espíritu profundo de José. Asimismo, San Juan de Dios era conocido como un hombre santo y profundamente espiritual.

Cuando le permitimos al Espíritu que reine en nuestros corazones, las personas pueden percibirlo y buscar la paz que nosotros mismos hemos encontrado.

ORACIÓN. *Que esté tan lleno de Tu Espíritu, oh Dios, que también los extraños puedan percibir Tu presencia en mí.*

O SOMOS deudores a la carne, viviendo conforme a la carne.—Ro 8:12

MZO. 9

REFLEXIÓN. Vivir conforme a la carne significa proseguir un estilo de vida mundano y materialista. No nos trae alegría ni paz. Produce sólo vacío en nuestros corazones.

Sin embargo, si llevamos una vida espiritual, eligiendo lo bueno, lo santo, y lo generoso, viviremos una vida tan profunda que, aunque muramos, viviremos para siempre.

ORACIÓN. *Espíritu de Dios, enséñame a morir a mí mismo para vivir en Ti.*

A SABIDURIA que procede de lo alto es primeramente pura; luego es pacífica, amable, benigna, llena de misericordia y de buenos frutos. —Sant 3:17

MZO. 10

REFLEXIÓN. ¿Cómo podemos saber si realmente poseemos el espíritu de sabiduría o si simplemente somos arrogantes, pensando que tenemos todo conocimiento?

Esta lista de virtudes es como un examen de conciencia para asegurarnos de que lo que estamos compartiendo no es nuestra propia agenda.

ORACIÓN. *Lléname de las virtudes de la sabiduría, oh Señor, para que pueda rebosar de Tu gracia.*

TODOS ellos fueron llenos del Espíritu Santo y comenzaron a hablar en diversas lenguas según el Espíritu les concedía expresarse. —He 2:4

MZO. 11

REFLEXIÓN. Cuando el pueblo de Babel construyó una torre para llegar al cielo, Dios confundió sus lenguas como castigo por su arrogancia.

Cuando el Espíritu Santo descendió sobre los Apóstoles en Pentecostés, pudieron hablar diferentes lenguas. La confusión que dividía a las personas entre sí se deshizo por el Espíritu Santo.

ORACIÓN. *Que cada palabra y cada pensamiento míos estén llenos del Espíritu.*

APENAS conocemos las cosas terrestres... ¿quién podrá comprender las cosas celestiales? —Sb 9:16

MZO. 12

REFLEXIÓN. Nuestra inteligencia humana es limitada. Estudiamos e investigamos, pero no comprendemos muchas cosas. ¿Cómo es posible comprender los grandes misterios de Dios?

Sin embargo, el Espíritu Santo nos da el conocimiento de cosas espirituales, invitándonos a una relación íntima con Dios.

ORACIÓN. *Revélame Tus secretos, oh Espíritu de Dios, y cólmame de Tu sabiduría.*

LLA enseña la moderación y la prudencia, la justicia y la fortaleza; nada hay en la vida que sea más provechoso. —Sb 8:7b

MZO. 13

REFLEXIÓN. El Espíritu nos llama a vivir vidas virtuosas. La verdadera virtud, como enseñó San Agustín, se encuentra en el medio, en la prudencia y la moderación.

Si elevamos una virtud sobre todas las demás, esta virtud puede convertirse en un vicio. De hecho, esto es una forma de perfeccionismo y orgullo espiritual.

ORACIÓN. *Señor, que yo nunca permita que mis escogimientos espirituales se conviertan en una forma de orgullo espiritual.*

IOS no nos ha dado un espíritu de timidez, sino de poder, de amor, y de prudencia. —2 Tim 1:7

MZO. 14

REFLEXIÓN. A veces pensamos que la actitud más cristiana es callar y evitar juzgar lo que hacen los demás. La tentación es mantener la paz a toda costa.

Hay momentos en los que tenemos que hablar para ser fieles a lo que el Espíritu nos llama a ser (si lo que decimos o hacemos tiene el verdadero bien de la otra persona como su motivación).

ORACIÓN. *Espíritu de Dios, enséñame cuándo hablar y cuándo callar.*

AY diversidad de dones, pero un mismo Espíritu. —1 Cor 12:4

MZO. 15

REFLEXIÓN. Cada uno ha recibido algunos carismas (dones del Espíritu). Estos carismas se pueden encontrar en nuestros talentos naturales (para estudiar, practicar deportes, etc.). Otros son dones espirituales (por ejemplo, poder orar bien o compartir la propia fe con confianza, etc.). Algunos de estos regalos parecen ser cotidianos, casi mundanos; otros regalos son más espectaculares.

¿Cuáles son los dones que Dios me dio a mí?

ORACIÓN. *Espíritu de Dios, derrama Tus dones de gracia sobre mí.*

EDRO se quedó asombrado de que el don del Espíritu Santo se hubiera derramado también sobre los gentiles. —He 10:45

MZO. 16

REFLEXIÓN. Pedro sabía lo que significaba ser ungido por el Espíritu; por eso, pudo reconocer cuando se les ocurría a otros. En lugar de enojarse porque recibieron el regalo sin su intervención, se emocionó de que Dios hubiera obrado de una manera tan sorprendente.

A menudo el Espíritu nos llama a mirar más allá de nuestros puntos de vista miopes y a percibir lo que Dios valora en los demás.

ORACIÓN. *Que yo nunca rechace, oh Señor, a los que has elegido en Tu amor.*

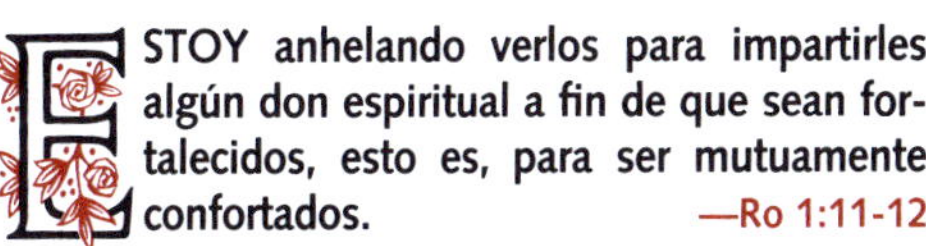

ESTOY anhelando verlos para impartirles algún don espiritual a fin de que sean fortalecidos, esto es, para ser mutuamente confortados. —Ro 1:11-12

MZO. 17

REFLEXIÓN. Si bien Pablo quería fortalecer la fe de los romanos, reconoció que el Espíritu Santo había ungido esta comunidad. Por tanto, habían recibido dones que él no tenía, y Pablo podía aprender algo de ellos.

Nadie tiene el monopolio de los dones del Espíritu Santo.

ORACIÓN. *Espíritu Santo, que yo siempre esté listo para compartir Tus dones con los demás y recibir Tus dones de ellos.*

PODRÁN entender mi conocimiento del misterio de Cristo... [que] se les ha revelado por el Espíritu a los santos Apóstoles y Profetas. —Ef 3:4-5

MZO. 18

REFLEXIÓN. Los caminos del Señor no siempre se comprenden fácilmente. Por eso, necesitamos la revelación del Espíritu (en nuestro corazón y a través del Magisterio) para entender lo que Dios quiere de nosotros.

Por nuestra cuenta, nunca podemos esperar resolverlo todo.

ORACIÓN. *Abre mi mente a Tu revelación, oh Espíritu de verdad, para que yo pueda abrazar el misterio de Tu amor.*

JOSÉ, hijo de David, no temas llevarte a casa a María ... porque lo que ha sido engendrado en ella es del Espíritu Santo.

—Mt 1:20

MZO. 19

REFLEXIÓN. San José confió en la revelación de Dios, aunque no pudo entender completamente el significado. Respondió a este llamado con gran generosidad de espíritu, cuidando de María y de su Hijo.

Su humilde obediencia al llamado de Dios y su generosa compasión por María y Jesús nos dan un ejemplo de fe tan profunda como práctica.

ORACIÓN. *San José, que yo sea tan generoso en mi respuesta al llamado de Dios como lo fuiste tú.*

EN LA sabiduría hay un espíritu apacible ... que lo puede todo y que vela por todo ...

—Sb 7:23

MZO. 20

REFLEXIÓN. El Espíritu Santo es un espíritu de paz. Si hay divisiones en nuestra comunidad (o en nuestros propios corazones), debemos preguntarnos si se deben a la acción del Espíritu de Dios o a los espíritus malignos que se alegran en la división y el juicio.

¿Traen mis entendimientos espirituales paz o discordia a la comunidad?

ORACIÓN. *Señor, concédeme un espíritu de paz que tranquilice y sane las heridas de este mundo.*

ES DIOS Quien nos ha hecho para este fin y nos ha dado el Espíritu como fianza de esto. —2 Cor 5:5

MZO. 21

REFLEXIÓN. Dios nos ha predestinado a la salvación. Antes de que fuéramos creados, Dios había escrito nuestros nombres en el Libro de la Vida.

Dios quiere que vivamos en Su amor para siempre, pero el amor nunca puede forzarse. Por eso, Él nos corteja amorosamente a través del Espíritu Santo como un anticipo de la gloria venidera.

ORACIÓN. *Dios, que yo siempre esté a la altura del destino que has apartado para mí.*

EL ESPÍRITU Santo Que nos disciplina huye de la duplicidad y Se aleja de necios razonamientos. —Sb 1:5

MZO. 22

REFLEXIÓN. No podemos esperar ser personas verdaderamente espirituales si no practicamos las disciplinas espirituales. La oración, el ayuno, el estudio, la confesión, etc. purifican nuestras intenciones y acciones para que podamos vivir en el Espíritu y no por nuestras pasiones.

Al practicar las disciplinas espirituales, podemos distinguir la verdadera sabiduría de la necedad.

ORACIÓN. *Señor, que la penitencia y las otras disciplinas espirituales liberen mi corazón para poder amarte más.*

AS obras de Dios nunca se acaban sobre la faz de la tierra. —Sir 38:8

MZO. 23

REFLEXIÓN. Si miramos la creación, podemos ver las huellas dactilares de Dios. Todo refleja la gloria de Dios.

Esto es especialmente claro cuando contemplamos la vitalidad continua de la naturaleza. Es como si estuviéramos frente a algo nuevo y maravilloso cada vez que miramos el mundo.

ORACIÓN. *Dios Creador, que yo reconozca siempre la acción de Tu Espíritu recreando este mundo a Tu imagen y esplendor.*

IGO la verdad in Cristo ... me da testimonio mi conciencia en el Espíritu Santo de que tengo gran tristeza... —Ro 9:1-2

MZO. 24

REFLEXIÓN. San Pablo dice que le duele el corazón que el pueblo judío no haya venido a Jesús. Sigue diciendo que él preferiría ir al infierno si esto los llevara a los judíos al cielo.

Sólo en el Espíritu Santo se hace una oferta tan escandalosamente amorosa.

ORACIÓN. *Que mi amor por los demás sea tan profundo que con gusto renuncie a lo que considero más preciado por su bien espiritual.*

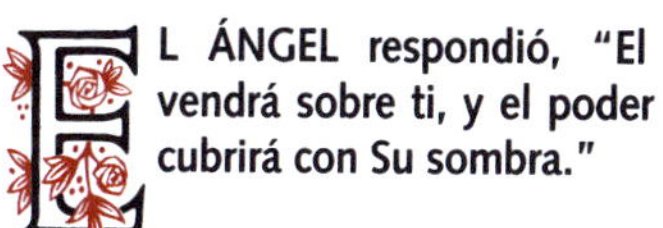

EL ÁNGEL respondió, "El Espíritu Santo vendrá sobre ti, y el poder del Altísimo te cubrirá con Su sombra." —Lc 1:35

MZO. 25

REFLEXIÓN. Jesús entró en nuestro mundo por la generosa disponibilidad de María y la acción del Espíritu Santo. Lucas describe la escena en términos que recuerdan la nube que cubrió la Tienda de Reunión cuando Dios Se apareció al pueblo de Israel.

María era la nueva Arca de la Alianza, la vasija a través de la cual Dios Se apareció a Su pueblo.

ORACIÓN. *Dios te salve, María. Llena eres de gracia…*

USTEDES no recibieron un espíritu de esclavitud para llevarlos al miedo, sino un espíritu de adopción que nos permite clamar, "¡Abba! ¡Padre!" —Ro 8:15

MZO. 26

REFLEXIÓN. Dios nunca quería que fuéramos robots, siguiendo ciegamente Su voluntad. Fuimos creados para compartir Su gloria. Él insufló Su Espíritu en nosotros para que pudiéramos compartir Su vida. Envió a Su Hijo a morir por amor a nosotros.

Él nos ama más de lo que cualquier padre podría amar a un hijo amado.

ORACIÓN. *Espíritu de Dios, recuérdame siempre que Dios es mi Abba.*

I LA prudencia precede a las obras, ¿quién es más artífice de los seres que ella? —Sb 8:6

MZO. 27

REFLEXIÓN. La sabiduría no nos lleva a los extremos. El espíritu de la sabiduría nos guía en la moderación y la prudencia. Esto no significa que no debemos esforzarnos, pero debemos tratar de actuar de manera equilibrada.

Una llama de magnesio arde brillantemente, pero dura poco. Una llama regular puede no dar tanta luz, pero dura mucho, mucho más.

ORACIÓN. *Enséñame Tu prudencia, oh Espíritu Santo, para que mi fe sea constante y duradera.*

L ESPÍRITU del Señor repleta todo el mundo. Él Que todo lo abarca conoce todo lo que se dice. —Sb 1:7

MZO. 28

REFLEXIÓN. No podemos decir que el Espíritu de Dios está aquí o está allí. El Espíritu de Dios está en todas partes, impregnando cada dimensión de todo lo que existe.

No hay nada oculto al Espíritu de Dios, nada que no recibe su vida y existencia de la generosidad del Espíritu.

ORACIÓN. *Espíritu de Dios que todo lo abarca, lléname a mí y al mundo entero con Tu amor y sabiduría.*

ERMANOS, si alguien es sorprendido en alguna falta, ustedes que son espirituales deben restaurarlo con espíritu de mansedumbre. **—Ga 6:1**

MZO. 29

REFLEXIÓN. Si estamos llenos del Espíritu, no nos sentimos superiores a los demás. Más bien, cuanto más unidos estamos al Espíritu, más sentimos compasión por los que pecan. Al igual que el Espíritu, debemos querer que ellos se perfeccionen en el amor de Dios.

Por eso, oramos por ellos y los invitamos con amor a cambiar su conducta.

ORACIÓN. *Que yo sea un instrumento de la sanación y del perdón del Espíritu Santo.*

ESDE aquel día en adelante el Espíritu del Señor vino sobre David. **—1 Sam 16:13**

MZO. 30

REFLEXIÓN. Dios había elegido a David para ser el rey de Israel como sucesor del rey Saúl. Dios miró el corazón de David y vio que era puro.

Pero David no podía gobernar al pueblo de Dios sin ayuda. Necesitaba la sabiduría, la prudencia, y el consejo del Espíritu Santo para ser lo que Dios le había invitado a ser.

ORACIÓN. *Espíritu bondadoso de Dios, concédeme los dones que necesito para cumplir con las tareas que me has asignado.*

HAY en la sabiduría, un espíritu *ágil* que es claro, puro, y seguro. —Sb 7:22

MZO. 31

REFLEXIÓN. Aunque el Espíritu Santo es un ancla de estabilidad en nuestras vidas, Él nos desafía a transformar nuestras vidas a través de la gracia de Dios. Fácilmente podemos entrar en una rutina, y necesitamos los impulsos del Espíritu para recordarnos que nuestra fe es un viaje.

Jesús dijo que las zorras tienen sus guaridas y las aves sus nidos, pero el Hijo del Hombre no tiene donde recostar Su cabeza.

ORACIÓN. *Dios, enséñame a ser flexible cuando eso sea apropiado y invariable cuando esto sea lo que Tú quieras.*

LOS Profetas se han convertido en viento pues no está en ellos la palabra. —Jr 5:13

ABR. 1

REFLEXIÓN. Muchas personas dicen que tuvieron experiencias espirituales y luego se entiende que no fue así. Algunos mienten. Otros creen honestamente que lo que afirmaban era verdad, pero era solo un producto de sus deseos.

¿Qué requiere la Iglesia para decidir que una aparición es auténtica?

ORACIÓN. *Que yo nunca busque lo que es espiritualmente espectacular. Que siempre siga las pautas de la Iglesia.*

IENAVENTURADOS los pobres en espíritu, pues de ellos es el reino de los cielos. —Mt 5:3

ABR. 2

REFLEXIÓN. San Francisco de Paola y sus seguidores intentaron vivir humildemente. No permitieron que su crecimiento espiritual los hiciera arrogantes.

Debería preguntarme a menudo si me siento superior a los demás porque mi vida espiritual parece ser más profunda que la de ellos.

ORACIÓN. *Que sea una persona humilde, que me gloríe solo en lo que el Señor ha hecho a través de mí.*

IOS, Que conoce el corazón, les dio testimonio, dándoles el Espíritu Santo lo mismo que a nosotros. —He 15:8

ABR. 3

REFLEXIÓN. En los escritos de San Lucas, lo más importante es que el corazón acepte la voluntad de Dios.

En definitiva, esto es lo esencial: ser un sincero buscador de la verdad. El Espíritu Santo siempre está listo para visitar e inspirar a este tipo de persona.

ORACIÓN. *Espíritu Santo, derrama Tus dones en mi corazón y en los corazones de mi familia y mis amigos.*

O HE llenado de un espíritu divino de habilidad y entendimiento y conocimiento en todo artificio. —Ex 31:3

ABR. 4

REFLEXIÓN. Isidoro fue el padre de las enciclopedias, uno de los primeros en compilar la información de manera muy organizada. Por eso es el patrón de los ordenadores.

Él nos recuerda que no debemos ser miopes en nuestros estudios e intereses. Más bien, tenemos que ampliar nuestros horizontes para captar todas las maravillas de Dios.

ORACIÓN. *Espíritu de Sabiduría, que yo pueda ser tan curioso y tan lleno de asombro como un niño que explora el mundo por primera vez.*

A PLENITUD de la sabiduría es el temor del Señor; ella los *embriaga* con sus frutos. —Sir 1:14

ABR. 5

REFLEXIÓN. Solemos pensar que la embriaguez es mala. Cuando nos emborrachamos, perdemos el autocontrol y hacemos cosas que normalmente no haríamos. Pero también podemos embriagarnos de alegría, de Espíritu, de entusiasmo.

Perder el control por estas cosas y permitir que el Espíritu tome las riendas es algo verdaderamente bueno.

ORACIÓN. *Inúndame, Espíritu de Dios, con la abundancia de Tu gracia.*

IOS puso Su Espíritu en nuestro corazón como garantía de Sus promesas.

—2 Cor 1:22

ABR. 6

REFLEXIÓN. El sello de Dios es un signo de que somos Su propiedad. Pertenecemos a Dios porque Él nos ha reclamado como Suyos.

El Espíritu ya habita en nuestros corazones como señal de que Él ha hecho Su morada en nosotros. Y esta comunión es sólo el comienzo de lo que Dios quiere darnos cuando todo lo que nos impide ser unido a Él será finalmente sanado.

ORACIÓN. *Habita en mi corazón, Espíritu Santo, y hazme Tuyo.*

L ESPÍRITU del Señor vino sobre mí, y me ordenó decir: "Así dice el Señor..."

—Ez 11:5

ABR. 7

REFLEXIÓN. El Profeta Ezequiel recibió una versión más extática del don del Espíritu que muchos de sus compañeros Profetas recibieron. Algunos se han preguntado si Ezequiel era un enfermo mental.

Puede ser. En todo caso, Dios obró a través de él porque Dios no elige a los perfectos sino a los quebrantados.

ORACIÓN. *Espíritu Santo, que yo no considere mi debilidad como una maldición sino como una oportunidad para crecer en Tu amor.*

NDURECIERON su corazón como diamante, para no oír las instrucciones que el Señor de los ejércitos había enviado por Su Espíritu. —Za 7:12

ABR. 8

REFLEXIÓN. El Espíritu Santo siempre está dispuesto a enseñarnos los caminos del Señor, pero podemos cerrar fácilmente nuestro corazón a Su instrucción. Esto se puede hacer conscientemente por el rechazo directo o inconscientemente por la lentitud, simplemente no permitiendo que el Espíritu sea parte de nuestras vidas.

La pereza y la indiferencia pueden ser tan malas como el rechazo.

ORACIÓN. *Que nunca cierre mi corazón a Tu llamado, oh Espíritu, ya sea por rechazo o por indiferencia.*

ORQUE es imposible que... los que han tenido parte en el Espíritu Santo ... y después cayeron... sean otra vez renovados para arrepentimiento. —He 6:4, 6

ABR. 9

REFLEXIÓN. Si hemos experimentado el don del Espíritu, ¿cómo podríamos apartarnos? Algunos en la Iglesia primitiva pensaron que no había posibilidad de perdón, pero la Iglesia finalmente se dio cuenta de que Dios está dispuesto a perdonar toda ofensa.

¿Hay algún pecado, de hecho, que no pueda ser perdonado?

ORACIÓN. *Condúceme a la conversión, oh Espíritu de Dios, y perdóname mis pecados.*

ELLOS seguían profetizando frenéticamente ... pero no hubo voz, ni nadie respondió ni nadie escuchó. —1 Re 18:29

ABR. 10

REFLEXIÓN. En los días del Antiguo Testamento, muchos israelitas creían que Yahvé era su Dios pero existían otros dioses. Este pasaje usa una triple negación para enseñar que los otros dioses son absolutamente nada y que Yahvé es el único Dios Que existe.

¿Tengo otros dioses en mi vida (trabajo, placer, prestigio, etc.)?

ORACIÓN. *Espíritu Santo, que me recuerdes continuamente que yo nunca permita que otras cosas tomen el lugar de Dios en mi corazón.*

AL QUE venza ... le daré una piedrecita blanca ... —Ap 2:17b

ABR. 11

REFLEXIÓN. En el mundo antiguo, se elegía un candidato u otro utilizando una piedra blanca. Cuando elegimos a Dios con nuestra vida y nuestro amor, Dios nos elige y nos llama Sus amados.

El Espíritu, el amor de Dios, nos permite experimentar esto aun ahora.

ORACIÓN. *Elígeme, oh Señor, como Tuyo, y yo Te elijo siempre sin condición.*

TODOS fueron llenos del Espíritu Santo y proclamaban la palabra de Dios sin temor. **—He 4:31**

ABR. 12

REFLEXIÓN. A menudo no estamos seguros de cómo podemos compartir nuestros valores con los demás. Desafortunadamente, callamos cuando vemos que las personas toman decisiones malas o autodestructivas.

El Espíritu nos da la sabiduría y la fuerza para decir lo correcto, aun cuando esto significa que tendremos que pagar un precio por hacerlo.

ORACIÓN. *Que yo sea valiente, oh Espíritu Santo, al compartir los entendimientos de mi fe con los demás.*

EL QUE siembra para su carne, de la carne cosechará corrupción, pero el que siembra para el Espíritu, del Espíritu cosechará vida eterna. **—Ga 6:8**

ABR. 13

REFLEXIÓN. Uno de los temas constantes que recorre las Sagradas Escrituras es que hay que elegir entre dos caminos. Uno lleva a la vida y el otro a la muerte.

En este pasage, San Pablo habla de esta elección en términos de una opción entre la carne (lo que es mundano y materialista) y el Espíritu (lo que es espiritual y bueno).

ORACIÓN. *Que yo rechace lo que me rebaja y acepte lo que me eleva hacia Ti, oh Espíritu de Dios.*

UANDO sobre nosotros sea derramado el Espíritu de lo alto, el desierto se convertirá en campo fértil y el campo fértil en un bosque. —Is 32:15

ABR. 14

REFLEXIÓN. Cuando Dios nos creó, quiso que existiera un vínculo íntimo entre Dios y nosotros, entre nosotros y los demás, y entre nosotros y la naturaleza. El pecado dañó todos estos vínculos.

El amor creador del Espíritu restaura estos vínculos. Incluso la naturaleza florecerá cuando andemos por el Espíritu porque la trataremos con respeto sagrado.

ORACIÓN. *Espíritu de Paz, restaura este mundo fracturado.*

O ME eches de Tu presencia, ni me quites Tu Espíritu Santo. —Sl 51:13

ABR. 15

REFLEXIÓN. Este salmo se refiere al hecho de que todos somos pecadores. No podemos esperar convertirnos si el Señor no nos da la gracia que necesitamos.

En este versículo Le rogamos a Dios que no nos castigue apartándose de nosotros, porque si lo hiciera, nuestra vida (ya sea espiritual o física) se acabaría.

ORACIÓN. *Que yo siempre esté unido a Ti, Señor, y que siempre Te sienta cerca de mí.*

L ESPÍRITU nos ayuda en nuestra debilidad porque no sabemos orar como debiéramos... —Ro 8:26a

ABR. 16

REFLEXIÓN. Muchos de nosotros hemos experimentado un tiempo en el que parecía que nuestras oraciones se habían vuelto mecánicas. No experimentábamos ningún consuelo. Nos preguntábamos si estábamos haciendo algo mal.

A veces Dios nos permite experimentar estas cosas para que cuando oremos, oremos por la razón correcta (para dar de nosotros mismos y no solo para recibir el consuelo de lo alto).

ORACIÓN. *Señor, enséñame a orar.*

N LA sabiduría se encuentra un espíritu sutil que es ágil, claro, puro, y seguro. —Sb 7:22

ABR. 17

REFLEXIÓN. Los caminos del Espíritu no siempre son obvios. El Espíritu a menudo habla a través de los acontecimientos de la vida cotidiana o los comentarios de las personas que nos rodean o incluso a través de una voz tranquila en nuestros corazones.

A veces el Espíritu es como un huracán y otras veces el Espíritu es como una brisa suave y tranquila.

ORACIÓN. *Espíritu de Dios, abre mis ojos a Tus maravillas y mis oídos a Tus misterios.*

L QUE tenga oído, que oiga lo que el Espíritu dice ... Al que venza, le daré de comer del árbol de la vida ... —Ap 2:7

ABR. 18

REFLEXIÓN. Al pecar, nos hemos privado de la vida que Dios quería que tuviéramos. Hablando simbólicamente, fuimos expulsados del Jardín del Edén en el que se encontraba el árbol de la vida.

Si morimos con Cristo, heredaremos la vida eterna. Recuperaremos el acceso a ese árbol. Ningún temor a la muerte, el pecado, la enfermedad, o la soledad tendrá poder sobre nosotros.

ORACIÓN. *Lléname con Tu vida, oh Espíritu vivificante de Dios.*

N ESPÍRITU de *conocimiento* y de *temor* del Señor, y se deleitará en el temor del Señor. —Is 11:2-3

ABR. 19

REFLEXIÓN. Si estudiáramos las maravillas del mundo hasta el día de nuestra muerte, nunca las conoceríamos todas. El Espíritu nos revela aquellas cosas que nos ayudan a crecer en un espíritu de estupor y asombro.

Generalmente pensamos que el Espíritu revela las cosas celestiales, pero a través del Espíritu también llegamos a comprender los misterios de este mundo.

ORACIÓN. *Que yo sepa todo lo que pueda y sea suficientemente humilde para reconocer lo que no sé.*

UNO se le da, mediante el Espíritu, palabra de sabiduría; y a otro, palabra de conocimiento. —1 Cor 12:8

ABR. 20

REFLEXIÓN. A cada uno de nosotros se nos dan los dones del Espíritu (carismas) según los necesitemos. Debemos usar estos dones para nuestro propio crecimiento, pero especialmente para las necesidades de la comunidad.

Pero ninguno de nosotros tiene todos los dones, por lo que debemos acercarnos a otros en la comunidad que tienen los dones que nosotros no tenemos.

ORACIÓN. *Que yo utilice bien mis dones, Espíritu de Dios, y que respete los dones de los demás.*

A SABIDURÍA conoce las señales y los prodigios, como conoce también el plan de los tiempos y épocas. —Sb 8:8

ABR. 21

REFLEXIÓN. Cuando a alguien se le da el Espíritu de sabiduría, puede percibir las huellas dactilares de Dios en las maravillas del mundo. Puede ver el patrón que Dios ha establecido en la historia (la historia del mundo, la historia de la fe, e incluso nuestra propia historia personal).

Esto debería consolarnos, porque significa que la vida no es caótica. Dios tiene un plan.

ORACIÓN. *Concédeme discernir Tu plan, oh Espíritu, para que yo pueda cooperar plenamente con él.*

L QUE Dios envió habla las palabras de Dios, pues Dios mismo Le da el Espíritu sin restricción. —Jn 3:34

ABR. 22

REFLEXIÓN. Jesús fue Aquel a Quien Dios envió, y Jesús proclamó las Buenas Nuevas tanto en palabra como en obra. Fue extravagante al compartir Su amor, hasta el punto de estar dispuesto a morir en la Cruz.

¿Reparto mi disponibilidad cuando otros necesitan ayuda?

ORACIÓN. *Dame una profunda generosidad de corazón, oh Espíritu de Dios, para que yo también pueda darme a otros sin medida.*

UANDO llegó Sansón a Lehi, el Espíritu del Señor vino sobre él. Las cuerdas que ataban sus brazos se volvieron como fibra de lino quemada. —Jue 15:14

ABR. 23

REFLEXIÓN. En el Antiguo Testamento, poseer el Espíritu se asociaba a una gran fuerza y a obras milagrosas.

En nuestro tiempo también, si permitimos que el Espíritu more en nuestros corazones, encontraremos paz y probablemente estaremos mejor físicamente porque no nos llenaremos de ansiedad y miedo.

ORACIÓN. *Toma posesión de mi corazón, oh Espíritu de Dios, y lléname de Tu paz.*

MBICIONEN los mejores dones. Ahora les mostraré un camino más excelente.
—1 Cor 12:31

ABR. 24

REFLEXIÓN. El Espíritu de Dios derrama varios carismas (dones) sobre nosotros. ¿Cuáles son los dones más importantes? Podemos pensar que serían los dones más espectaculares (por ejemplo, curar, predecir el futuro).

Pero los dones más importantes son aquellos que podemos usar para servir a los demás. El amor es la verdadera medida de todas las cosas.

ORACIÓN. *Espíritu de Dios, derrama Tus dones sobre mí en abundancia.*

L ESPÍRITU del Señor habló por mí, y Su palabra estuvo en mi lengua. —2 Sam 23:2

ABR. 25

REFLEXIÓN. Lo que el Rey David dijo acerca de sí mismo también podría decirse acerca del evangelista San Marcos. Debería decirse también acerca de nosotros hoy.

Si bien no escribimos salmos o un Evangelio, nos convertimos en formas vivas de la Palabra de Dios si permitimos que el Espíritu hable a través de nuestras vidas (y podríamos ser el único Evangelio que mucha gente conocerá).

ORACIÓN. *Que mi vida sea un Evangelio escrito para proclamar Tu Buena Noticia al mundo.*

GRITOS de alegría, Oh ciudad de Sión, porque grande en medio de ti está el Dios Santo de Israel. —Sir 3:20

ABR. 26

REFLEXIÓN. No es malo conocer nuestras limitaciones. Muchas, muchas cosas serían buenas, pero no tenemos el tiempo ni la energía para hacerlas todas. Además, algunas de nuestras expectativas poco realistas nos llevan sólo a la frustración y al descontento.

Podemos ser ambiciosos en nuestras vidas, siempre y cuando lo hagamos con un espíritu de humildad.

ORACIÓN. *Señor, guíame para que sepa lo que se puede y se debe hacer, y lo que se debe dejar a otros por hacer.*

ERRAMARÉ sobre la casa de David y los habitantes de Jerusalén, un espíritu de gracia y de súplica. —Za 12:10

ABR. 27

REFLEXIÓN. Al hablar de la "casa de David," el Profeta se refiere a la familia real.

Al referirse a ellos, el Profeta afirma que el Espíritu vendrá sobre todos en Jerusalén, desde los más poderosos hasta los menos significativos. Todos reconocerán cuánto necesitan la gracia del Señor.

ORACIÓN. *Que todos reconozcamos nuestra necesidad de Ti, oh Espíritu de Dios, y nos acerquemos a Ti sin restricciones.*

UANDO llegó Bernabé y vio la gracia de Dios, se alegró ... pues era un hombre bueno, lleno del Espíritu Santo y de fe. —He 11:23-24

ABR. 28

REFLEXIÓN. Bernabé, siendo un hombre bueno y lleno de fe, pudo reconocer cómo Dios actuaba a través de los cristianos en Antioquía.

Hacían las cosas de una manera nueva. En lugar de rechazar lo que era nuevo y desconocido, Bernabé percibió que ésta era la obra del Espíritu y se regocijó.

ORACIÓN. *Espíritu Santo, enséñame a reconocer como Tú renuevas al mundo y a la Iglesia en cada época.*

N ESTO pueden reconocer el Espíritu de Dios: todo espíritu que confiesa que Jesucristo ha venido en carne, es de Dios. —1 Jn 4:2

ABR. 29

REFLEXIÓN. Algunas personas en la comunidad de Juan habían negado que Jesús fuera Dios porque pensaban que lo espiritual era bueno y lo material era malo.

Sin embargo, cuando Dios creó este mundo, lo declaró bueno, y Jesús mismo nació en la carne.

ORACIÓN. *Que yo pueda encontrarte en revelaciones espirituales, Dios, pero que también reconozca Tu presencia en el mundo que me rodea.*

UANDO venga el Espíritu Santo sobre ustedes, recibirán poder y luego serán Mis testigos. —He 1:8

ABR. 30

REFLEXIÓN. El Espíritu nos llama a compartir nuestra fe con los que están cerca y lejos.

Podría ser tan simple como dar testimonio en nuestra vida cotidiana. O podría involucrar una vocación para ir a una tierra extranjera o al menos para apoyar a los misioneros que hacen esto en el nombre de Cristo.

ORACIÓN. *Ven, oh Espíritu Santo, y encomiéndame a proclamar la Palabra de Dios.*

IATE del Señor de todo tu corazón, y no te apoyes en tu propia inteligencia. —Pr 3:5

MY. 1

REFLEXIÓN. Hay límites a cuánto podemos saber, y es bueno reconocer esto.

Cuando confiamos demasiado en nuestros propios esfuerzos, podemos engañarnos. Es posible confundir nuestras preferencias egoístas con elecciones morales, la especulación intelectual con la verdad. Cuando Dios nos guía, vivimos en la verdad.

ORACIÓN. *Que mi corazón sea humilde, oh Señor, y mi espíritu sea manso.*

MADOS, no se fíen de todo espíritu, sino sométanlo a prueba para ver si es de Dios. —1 Jn 4:1

MY. 2

REFLEXIÓN. Muchas personas afirman que tienen un mensaje de Dios que quieren compartir con nosotros. Algunos de ellos son auténticos, mientras que otros sólo proclaman sus propias ideas.

Cabría preguntarse si sus ideas concuerdan con lo que la Iglesia ha creído desde el principio.

ORACIÓN. *Dame entendimiento, Espíritu de Sabiduría, para que pueda discernir lo que es de Ti y lo que no lo es.*

L ESPÍRITU le dijo a Felipe, "Acércate y júntate a ese carro" [el carro del eunuco etíope]. —He 8:29

MY. 3

REFLEXIÓN. En el Antiguo Testamento, los eunucos se excluyeron del pueblo de Israel por su falta de integridad física.

El Espíritu Santo, al enviar a Felipe a este eunuco etíope, proclama que Dios invita a todos a ser miembros de Su pueblo.

ORACIÓN. *Envíame, Espíritu de Dios, para incluir a los que tantas veces han sido rechazados y no amados.*

EDITA en los preceptos del Señor ... Él iluminará tu mente, y te dará la sabiduría tan deseada. —Sir 6:37

MY. 4

REFLEXIÓN. La ley de Dios no es sólo un conjunto de leyes impuestas sobre nosotros desde arriba. Es un regalo de Dios para guiarnos en el camino correcto.

¿Examino mi conciencia todos los días para apropiarme de la ley de Dios?

ORACIÓN. *Háblame al corazón, oh Espíritu de Dios, y guíame por Tus caminos.*

N LA sabiduría hay un espíritu *firme*, que es seguro y apacible. —Sb 7:23

MY. 5

REFLEXIÓN. Todo parece cambiarse hoy. Incluso la moral parece ser flexible y relativa.

Es el Espíritu Quien nos recuerda que los caminos de Dios y la voluntad de Dios no son permutables. Dios es el mismo ayer, hoy, y mañana.

ORACIÓN. *Oh Consolador, sé un ancla firme en mi vida, un puerto tranquilo en el que encuentro refugio.*

ONFIÉSENSE sus pecados unos a otros, y oren unos por otros, para que sean sanados. —Sant 5:16

MY. 6

REFLEXIÓN. El Espíritu Santo es el agente del amor y de la sanación de Dios. El amor de Dios nos trae el perdón de nuestros pecados. Este mismo Espíritu también puede efectuar la sanidad de nuestro quebrantamiento (las cosas que nos facilitan caer en pecado).

Sólo el amor puede curarnos, y el Espíritu nos otorga esta curación en abundancia.

ORACIÓN. *Perdona mis pecados, oh Señor, y sana mi quebrantamiento.*

L ESPÍRITU mismo da testimonio juntamente con nuestro espíritu de que somos hijos de Dios. —Ro 8:16

MY. 7

REFLEXIÓN. El Espíritu de Dios habla en lo más profundo de nuestro ser a nuestro propio espíritu para revelarnos lo que Dios piensa de nosotros. Dios nos considera Sus hijos amados.

Cuando oramos al Padre y deseamos experimentar a un padre bueno, amoroso, y compasivo, ya estamos escuchando Quién es Dios, porque el Espíritu nos sugiere esperar esto.

ORACIÓN. *¡Abba! ¡Padre! Guíame y consuélame.*

IOS es Espíritu, y los que Lo adoran deben hacerlo en Espíritu y en verdad. —Jn 4:24

MY. 8

REFLEXIÓN. Adoramos a Dios Padre en Espíritu y en Verdad. Para los cristianos, el Espíritu es el Espíritu Santo. Para nosotros, la Verdad es Jesús. Así, oramos a Dios Padre en y a través del Espíritu Santo y Jesús.

De hecho, afirma esto la doxología final de la Plegaria Eucarística.

ORACIÓN. *Por Cristo, con Él, y en Él, a Ti, Dios Padre omnipotente, en la unidad del Espíritu Santo, todo honor y toda gloria por los siglos de los siglos.*

UANDO el Espíritu del Señor Se apartó de Saúl, un espíritu malo enviado por el Señor lo atormentaba. —1 Sam 16:14

MY. 9

REFLEXIÓN. Al pecar, el Rey Saúl rechazó el Espíritu de Verdad en su corazón. Se abrió a la acción de los espíritus que se oponían a la bondad de Dios, p.ej., el espíritu de los celos y la ira.

El pecado sofoca el soplo del Espíritu en nosotros; la conversión renueva la vida y el amor en nuestro corazones.

ORACIÓN. *Espíritu Santo, ayúdame a rechazar todo lo malo y elegir sólo lo bueno.*

L SEÑOR me ungió; me envió a predicar buenas nuevas a los solitarios, a sanar a los quebrantados de corazón. —Is 61:1a

MY. 10

REFLEXIÓN. El Espíritu Santo ungió a San Damián para ser misionero de los leprosos.

Damián les trajo la Palabra de Dios que predicaba con sus palabras y con su vida. Cuando contrajo la lepra, se unió a ellos, destruyendo así el aislamiento que habían experimentado a causa de su enfermedad.

ORACIÓN. *Señor, que yo abrace a los leprosos de mi era.*

UANDO les quitas el hálito, mueren y vuelven al polvo. —Sl 104:29

MY. 11

REFLEXIÓN. Dios sopló en Adán el hálito de vida y lo hizo en un ser viviente. Si Dios retira este aliento, nosotros volveremos al polvo del que fuimos creados.

Al pecar, negamos la presencia de este Espíritu en nosotros. Rechazamos nuestro destino divino y actuamos como si todavía no fuéramos más que basura.

ORACIÓN. *Oh Dios, sopla Tu Espíritu de nuevo en mi corazón a través de Tus sacramentos y Tus otros signos de amor.*

O LO reconoceré delante de Mi Padre y Sus Ángeles. El que tenga oído, que oiga lo que el Espíritu dice. —Ap 3:5-6

MY. 12

REFLEXIÓN. Algunos temen que al morir Dios los culpe por un pecado que olvidaron confesar o que ni siquiera sabían que era pecado. Sin embargo, Jesús nos promete que, si nos aferramos a Él y damos testimonio de Su verdad, Él Se levantará como testigo a nuestro favor.

El Espíritu Santo nos recuerda que Dios no espera la perfección, sólo la fidelidad.

ORACIÓN. *Yo creo en Ti, Señor, y Te amo.*

ODOS los caminos del hombre son limpios ante sus propios ojos, pero es el Señor Quien escruta los espíritus. —Pr 16:2

MY. 13

REFLEXIÓN. Hay ocasiones en las que no nos damos cuenta de nuestros motivos ocultos. Racionalizamos, nos ponemos a la defensiva, o negamos. Sin embargo, estos motivos, tarde o temprano, nos afectan.

El Espíritu nos ayuda a despejar la niebla de nuestras mentes y corazones para que podamos vivir en la verdad.

ORACIÓN. *Oh Señor, que yo considere importante sólo Tu opinión de mí.*

NTONCES echaron suertes sobre ellos, y la suerte cayó sobre Matías quien fue agregado a los once Apóstoles. —He 1:26

MY. 14

REFLEXIÓN. Para los Apóstoles era importante que se dejaran guiar por el Espíritu Santo. Cuando llegó el momento de reemplazar a Judas Iscariote, eligieron a dos candidatos apropiados y dejaron que el Espíritu Santo hiciera la elección final.

¿Cómo actúa el Espíritu Santo en las elecciones de quién guiará a la Iglesia, p.ej., el Papa, los obispos, etc.?

ORACIÓN. *Espíritu amoroso de Dios, danos siempre los líderes que necesitamos en la Iglesia y en el mundo.*

NTRE los tesoros de la sabiduría se encuentra el ejemplo de la prudencia, pero el pecador considera el temor del Señor una abominación. —Sir 1:22

MY. 15

REFLEXIÓN. Solemos asociar la acción del Espíritu con potencia y exuberancia, no con prudencia. Sin embargo, el Espíritu nos enseña cómo ser prudentes y amorosos cuando usamos nuestros dones espirituales.

En el Espíritu, nos convertimos en vasos de la gracia de Dios, sin apropiarnos del honor y la gloria.

ORACIÓN. *Espíritu gentil, que yo siempre sea prudente en lo que digo y hago.*

ALLA delante del Señor, y espera en Él hasta que llegue. —Sl 37:7

MY. 16

REFLEXIÓN. En nuestro mundo acelerado, queremos respuestas instantáneas y soluciones completas a nuestros problemas. Pero muchas veces, especialmente cuando estamos discerniendo lo que el Espíritu quiere de nosotros, debemos esperar y escuchar con atención.

A veces el silencio es ya una respuesta. Nos exhorta a callar y a esperar con paciencia.

ORACIÓN. *Espíritu de Dios, enséñame a esperar pacientemente.*

N LA sabiduría hay un espíritu múltiple que es sutil, ágil, y claro . . . —Sb 7:22

MY. 17

REFLEXIÓN. Se suele hablar de los siete dones del Espíritu Santo. Siete es el número perfecto en la Biblia. Al hablar de siete dones, en realidad se afirma que el Espíritu Se manifiesta de muchas, muchas maneras.

¿Cuáles son algunos de los dones del Espíritu que ya tengo y cuáles son algunos que deseo?

ORACIÓN. *Espíritu Santo benéfico, concédeme una abundante participación en Tus muchos dones.*

OR la palabra del Señor fueron hechos los cielos, y todo su ejército por el aliento de Su boca. —Sl 33:6

MY. 18

REFLEXIÓN. Los antiguos entendieron que las palabras son poderosas. Pueden curar corazones o quebrantar espíritus. La palabra de Dios y el Espíritu vivificante crearon el universo y los mantienen en existencia.

Cuando escuchamos la palabra de Dios y abrimos nuestro corazón a Su Espíritu, somos recreados en Su amor.

ORACIÓN. *Proclama Tu palabra a mi corazón, oh Espíritu de Dios.*

N LA sabiduría hay un *espíritu libre* de obstáculos que es benéfico y bondadoso. . . —Sb 7:22-23

MY. 19

REFLEXIÓN. El Espíritu Santo puede transformar cualquier situación en una oportunidad de gracia. Aun la tragedia del pecado puede ser una oportunidad: el Espíritu responde con perdón y misericordia.

El Espíritu nos invita a mirar de modo parecido todo lo que sucede en nuestras vidas, a ver todo como una oportunidad para el amor, la paciencia, la sanación, y la compasión.

ORACIÓN. *Espíritu Santo, que yo vea todo lo que sucede en mi vida como una oportunidad de gracia.*

UANDO el Espíritu del Señor invadió a Sansón, descendió a Ascalón y mató a treinta hombres del enemigo.—Jue 14:19

MY. 20

REFLEXIÓN. ¿Fue realmente el Espíritu Santo Quien impulsó a Sansón a matar a los filisteos? ¿O el Espíritu le ordenó a Sansón que protegiera a su pueblo, y Sansón, viviendo en tiempos peligrosos, interpretó este mensaje como uno de violencia?

Estas preguntas no pueden encontrar una respuesta excepto en la vida y las enseñanzas de Jesús.

ORACIÓN. *Espíritu de paz y amor, enséñame Tus caminos.*

OR el contrario, el fruto del Espíritu es ... *fidelidad, mansedumbre, y domino propio.*
—Ga 5:22-23

MY. 21

REFLEXIÓN. Frecuentemente uno de los atributos postulados de Yahvé en el Antiguo Testamento es la fidelidad. Dios nunca Se arrepiente de Sus promesas.

El Espíritu ayuda a nosotros también para que seamos fieles, personas íntegras que cumplen sus promesas sin vacilación ni disminución.

ORACIÓN. *Oh Dios, hazme una persona que cumple sus promesas, es decir, tan fiel a mis compromisos como Tú lo eres a los Tuyos.*

IOS creó a los seres humanos a Su imagen; los creó a Su imagen divino; hombre y mujer los creó. —Gn 1:27

MY. 22

REFLEXIÓN. Fuimos creados a imagen y semejanza de Dios. Tenemos el soplo del Espíritu Santo en nuestros corazones y almas. Dios nos ha dado una dignidad inmensa.

Tenemos que vivir conforme a esta dignidad, sin asemejarnos a nada que nos haría menos de lo que Dios quiere que seamos.

ORACIÓN. *Que yo nunca haga nada que niegue la dignidad con la que me creaste.*

A LEY del espíritu de vida en Cristo Jesús te ha libertado de la ley del pecado y de la muerte. —Ro 8:2

MY. 23

REFLEXIÓN. Cuando Cristo está al centro de nuestra vida, vivimos plenamente. Cuando no lo está, fácilmente caemos en malas decisiones que conducen al pecado, al egoísmo, y a la muerte espiritual. Ésta no es la verdadera libertad; es una forma de esclavitud de nuestras pasiones.

La verdadera libertad se encuentra en elegir, vivir, y amar en Cristo.

ORACIÓN. *Libérame, Espíritu Santo, de mi servidumbre a mis pasiones.*

E AQUI, Yo hago de Mis palabras fuego en tu boca, y este pueblo será la leña que los consumará. —Jr 5:14

MY. 24

REFLEXIÓN. Mientras que muchos de los profetas predicaron consuelo al pueblo de Israel, Jeremías predicó juicio y destrucción. Las cosas se habían puesto tan mal que Dios hizo volver los corazones de Su pueblo con una intervención violenta.

Jeremías habló así porque los amaba verdaderamente y no podía quedarse de brazos cruzados mientras se destruían a sí mismos espiritualmente.

ORACIÓN. *Espíritu de Dios, consuélame con Tu amor y desafíame con Tu verdad.*

I ALGUIEN desee vasto conocimiento, la sabiduría sabe las cosas del pasado y prevé el futuro. —Sb 8:8a

MY. 25

REFLEXIÓN. En el Antiguo Testamento, se creía que era la Sabiduría la que nos ayudaba a entender las cosas. A la luz del Nuevo Testamento, nos damos cuenta de que es el Espíritu Santo.

San Beda escribió la historia del cristianismo para mostrar cómo el Espíritu Santo guió a la Iglesia en el pasado y como también la guía en el presente y el futuro.

ORACIÓN. *Dios eterno e inmutable, ayúdanos a ver Tu presencia en los acontecimientos de nuestra época.*

AMBIÉN el Espíritu Santo nos da testimonio de ello. Porque primero dice, "Ésta es la alianza que haré con ellos."

—Heb 10:15-16

MY. 26

REFLEXIÓN. San Felipe Neri predicó sobre el amor y la compasión del Señor. Invitó a muchas personas a renovar su compromiso de fe a través de la celebración más profunda de los Sacramentos de la Reconciliación y la Eucaristía.

¿Renuevo yo la alianza con Dios periódicamente? ¿Todos los días?

ORACIÓN. *Oh Espíritu de fidelidad, renueva siempre mi fe, y concede que crezca constantemente a través de mi participación en los sacramentos.*

ONDRÉ dentro de ustedes Mi Espíritu, y haré que anden en Mis estatutos y cumplan cuidadosamente Mis ordenanzas.

—Ez 36:27

MY. 27

REFLEXIÓN. Ezequiel el Profeta se desanimó por el hecho de que su pueblo había sido tan infiel al Señor. Habló de un tiempo en que Dios establecería con ellos una alianza nueva e interiorizada, escrita no en piedra sino en sus corazones.

El Espíritu de Dios revitalizó el compromiso de Israel para que fuera Su pueblo.

ORACIÓN. *Espíritu Santo, renueva Tu alianza en mi corazón.*

LLA hace llover ciencia y conocimiento; ella exalta la gloria de quienes la poseen.

—Sir 1:17

MY. 28

REFLEXIÓN. Gloria suele ser una palabra asociada con Dios. Pero cuando el Espíritu de Dios colma nuestros corazones con conocimiento y entendimiento, reconocemos que compartimos la gloria de Dios.

Además, expresamos esta gloria viviendo una vida llena de virtud.

ORACIÓN. *Espíritu de Santidad, santifícame en Tu virtud.*

UAN bautizó con agua, pero dentro de pocos días ustedes serán bautizados con el Espíritu Santo.

—He 1:5

MY. 29

REFLEXIÓN. El bautismo de Juan el Bautista fue un bautismo de arrepentimiento.

El bautismo cristiano nos concede el perdón de nuestros pecados, pero también nos otorga la adopción de hijos de Dios. El Espíritu nos invita a la vida de la Trinidad.

ORACIÓN. *Que cada vez que hago la señal de la cruz con agua bendita yo renueve mis promesas bautismales.*

SCUCHA las oraciones de Tus siervos, porque Tú siempre tienes piedad de Tu pueblo. —Sir 36:15

MY. 30

REFLEXIÓN. A lo largo del Antiguo Testamento, los Profetas y los sabios celebraron la generosidad de Dios para con Su pueblo. A menudo nosotros calculamos el costo de nuestros compromisos, pero Dios no actúa así.

¿Cómo deberíamos actuar cuando se nos pide que ayudemos a los demás? ¿Cuándo debemos ser prudentes y cuidadosos, y cuándo debemos ser extremadamente generosos?

ORACIÓN. *Espíritu Santo, guíame para que yo pueda tratar a los demás como Tú deseas que sean tratados.*

UANDO oyó Elisabet la salutación de María, el bebé saltó en su vientre. Y Elisabet fue llena del Espíritu Santo ... —Lc 1:41-42

MY. 31

REFLEXIÓN. Es el Espíritu Quien nos da la capacidad de conocer la verdad sobre los demás.

Al mirarlos desde un punto de vista humano, tenderemos a concentrarnos en sus fallas y defectos. Cuando los veamos de una manera espiritual, veremos lo que verdaderamente yace en sus corazones.

ORACIÓN. *Espíritu de Dios, que yo siempre pueda ver a las personas como Tú las ves.*

ELLOS les fue revelado que no se servían a sí mismos, sino a ustedes, en estas cosas ... —1 Pe 1:12

JUN. 1

REFLEXIÓN. Los Profetas a menudo pensaban que hablaban sólo de las cosas ocurriendo en sus propios días, pero el Espíritu Santo tenía en mente un segundo nivel de significado. Este nivel apuntaba a Jesús y Su ministerio.

Asimismo, el Espíritu Santo da un segundo nivel de significado a lo que nos sucede también, un nivel que se basa en nuestra fe.

ORACIÓN. *Que siempre recuerde, oh Señor, que Tu Espíritu está obrando debajo de la superficie de lo que sucede en mi vida.*

NTONCES ellos [Pablo y Bernabé] sacudieron el polvo de sus pies contra ellos ... Y los discípulos estaban llenos de gozo y del Espíritu Santo. —He 13:51-52

JUN. 2

REFLEXIÓN. El rechazo y la alegría generalmente no se asocian entre sí, pero a Pablo y a Bernabé se les había dado la responsabilidad de predicar las Buenas Nuevas. Se regocijaron de haber sido encontrados dignos de sufrir por esta Palabra.

Su sufrimiento no fue una derrota, sino un privilegio.

ORACIÓN. *Cuando yo sufra, oh Espíritu de Dios, cólmame de Tu paz y alegría.*

I SON vituperados por el nombre de Cristo, se consideren bienaventurados, porque sobre ustedes reposa el Espíritu de gloria y de Dios. —1 Pe 4:14

JUN. 3

REFLEXIÓN. Carlos Luanga y sus compañeros estaban tan llenos del Espíritu que se negaron a renunciar a su fe para salvar sus vidas. Eran hombres virtuosos.

No fueron vencidos por su martirio. Al contrario, viviendo en la fe, la esperanza, y la caridad, vencieron los poderes del mal.

ORACIÓN. *Enséñame Tu virtud, Espíritu de Dios, y dame el valor de vivir en ella.*

OSOTROS mismos, que poseemos las primicias del Espíritu, gemimos interiormente, mientras aguardamos nuestra adopción como hijos, la redención de nuestro cuerpo. —Ro 8:23

JUN. 4

REFLEXIÓN. Cuando Jesús murió en la Cruz y resucitó de entre los muertos, nos liberó de nuestra esclavitud al pecado.

Sin embargo, Su promesa de que podemos vivir en el amor de Dios no se ha realizado todavía por completo, porque aún vivimos en esta tierra y todavía pecamos. Por lo tanto, gemimos, anhelando ese día en que seremos unidos a Dios.

ORACIÓN. *Lléname con el don de Tu Espíritu, Señor, y aumenta mi deseo de unirme a Ti.*

LA SABIDURÍA es un espíritu amigo de los hombres, pero no dará por inocente al de labios culpables. —Sb 1:6

JUN. 5

REFLEXIÓN. Ser amable y misericordioso no significa que pasemos por alto los pecados de los demás. La verdadera misericordia es ante todo honesta porque lo que no se reconoce no se puede curar. El Espíritu nos permite ser radicalmente honestos con nosotros mismos y compasivamente honestos con los demás para que todos podamos volvernos al Señor.

¿Evito la confrontación (conmigo mismo y con los demás) para preservar la ilusión de paz?

ORACIÓN. *Espíritu Santo, ayúdame a rechazar todo lo malo y elegir sólo lo bueno.*

EL SEÑOR Dios no hace nada sin antes revelar Sus designios a Sus siervos los profetas. —Am 3:7

JUN. 6

REFLEXIÓN. Dios nos ha llamado a ser Sus amigos y Sus colaboradores en el plan de salvación.

Aunque Jesús es Dios y nosotros sólo criaturas, Él nos dice que no somos esclavos. Somos Sus amigos, porque Él nos revela Quién es Él y qué quiere de nosotros.

ORACIÓN. *Que todas mis palabra y acciones cooperen con Tu plan, oh Dios, para edificar el reino.*

I YO oro en lenguas, mi espíritu ora, pero mi entendimiento queda sin fruto.

—1 Cor 14:14

JUN. 7

REFLEXIÓN. Cuando Pablo habla de orar en lenguas, se refiere a expresiones ininteligibles. La persona está tan llena del Espíritu que las palabras normales ya no son suficientes.

Este don es bueno, pero no es suficiente. No ayuda a la Iglesia porque nadie entiende lo que se dice.

ORACIÓN. *Dame las palabras convenientes, oh Espíritu benévole, para proclamar Tu verdad al mundo.*

L FRUTO del Espíritu se encuentra en el amor, el gozo, la paz, la paciencia, la bondad, la generosidad, la fidelidad, la mansedumbre, y el dominio propio.

—Ga 5:22-23

JUN. 8

REFLEXIÓN. San Pablo quería distinguir entre el desorden que entra en nuestras vidas cuando vivimos por nuestras pasiones y las vidas ordenadas y disciplinadas que encontramos al vivir en el Espíritu. Po eso, su lista de pasiones es confusa y desordenada mientras que esta lista de virtudes se organiza en tres conjuntos de tres.

¿Mi estilo de vida está bien ordenado o caótico?

ORACIÓN. *Espíritu de Dios, llena mi vida de Tus consejos, con la abundancia de Tus dones.*

A SABIDURÍA entiende los giros del lenguaje y resuelve los enigmas. —Sb 8:8b

JUN. 9

REFLEXIÓN. En el Antiguo Testamento, el Espíritu de sabiduría no está relacionado sólo a las realidades espirituales. Apunta también la astucia que consiste en poder expresarse con habilidad y dar la solución a los enigmas.

La astucia era una virtud muy estimada en el antiguo Medio Oriente, razón por la cual Jesús aconsejó a sus seguidores que fueran astutos tanto en las cosas mundanas como en las espirituales.

ORACIÓN. *Espíritu de Dios, enséñame a ser astuto como una serpiente pero inocente como una paloma.*

N ESPÍRITU de sabiduría y de entendimiento, de consejo y de fortaleza... —Is 11:2

JUN. 10

REFLEXIÓN. Según Isaías, el Mesías venidero estaría dotado del espíritu de sabiduría y de entendimiento. Aquellos a quienes Dios ha puesto en posiciones de autoridad necesitan estos dones para gobernar bien.

Tenemos que orar por quienes dirigen a la Iglesia y a nuestro país.

ORACIÓN. *Oh Espíritu Santo, concede Tu sabiduría y entendimiento a nuestros líderes.*

ERO hay un espíritu en los seres humanos, el soplo del Todopoderoso que les da entendimiento. —Job 32:8

JUN. 11

REFLEXIÓN. Cuando Dios sopló Su Espíritu en Adán, no fue sólo para hacerlo una criatura viviente. Este mismo Espíritu Santo le dio también conocimiento de las cosas de Dios.

Siendo criaturas, no podemos esperar comprender los misterios de nuestra fe por inteligencia propia. Sin embargo, con el don del Espíritu podemos conocer estos misterios desde el interior de nuestros corazones.

ORACIÓN. *Háblame al corazón, oh Espíritu de Dios, e instrúyeme en los misterios de nuestra fe.*

N LA sabiduría se encuentra un espíritu que penetra a todos los otros espíritus. —Sb 7:23

JUN. 12

REFLEXIÓN. La Biblia habla de muchos espíritus, unos santos y otros malos. La sabiduría nos ayuda a discernir lo que verdaderamente procede de Dios y lo que es producto de otros espíritus: soberbia, celos, soberbia, fariseísmo, amargura, etc.

La sabiduría hace visibles los motivos ocultos de nuestro corazón.

ORACIÓN. *Derrama Tu Espíritu de Santidad sobre mí, oh Señor, para que mis motivos sean puros.*

L ESPÍRITU del Señor está sobre mí porque el Señor me ha ungido para anunciar buenas nuevas a los abatidos.—Is 61:1

JUN. 13

REFLEXIÓN. Repleta del Espíritu, la predicación de San Antonio de Padua trajo gran consuelo a quienes lo escucharon. Los desafió a la conversión y les ofreció amor y sanación.

No podemos experimentar el verdadero consuelo hasta que cambiemos nuestros caminos para que podamos ser receptivos al mensaje de Dios para nosotros.

ORACIÓN. *Úngeme, Señor, como ungiste a San Antonio con el Espíritu de Sabiduría.*

UES está escrito, "Ningún ojo ha visto, ningún oído ha escuchado" ... Pero Dios nos las reveló por medio del Espíritu.

—1 Cor 2:9-10

JUN. 14

REFLEXIÓN. Observando las maravillas de la naturaleza, podemos aprender algo acerca del Dios Que creó estas cosas. Pensando en los movimientos de la historia, podemos discernir los planes que Dios tiene para nosotros.

Sin embargo, hay muchos misterios acerca de Dios que nunca podríamos descifrar con la propia inteligencia. Es sólo a través del Espíritu que podemos entender estos misterios.

ORACIÓN. *Revélame Tus misterios, Espíritu de Sabiduría, para que yo viva en Tu amor.*

IENTRAS los cuatro caballos recorrían la tierra, Él me llamó, diciendo, "Mira, salen ... para hacer reposar mi Espíritu en la tierra del norte.". JUN. 15

—Za 6:7-8

REFLEXIÓN. Los cuatro caballos son tipos de enviados que escudriñan la tierra para contarle a Dios lo que sucede en ella. Ningún lugar está oculto a los ojos de Dios, y nadie puede escapar de Su plan.

Dios todavía nos vela y no quiere perder a ninguno de nosotros.

ORACIÓN. *Guarda mis pensamientos, Espíritu Santo, y vela por todas mis palabras y acciones.*

L ANUNCIA el pasado y el futuro, y descubre los secretos más profundos. No Le falta entendimiento, nada se Le escapa. JUN. 16

—Sir 42:19-20

REFLEXIÓN. El Espíritu Santo nos ayuda a comprender el significado de la historia, ya sea la historia de la salvación o nuestra propia historia personal.

Aunque Dios existe en la eternidad, Él controla los eventos del tiempo para que se ajusten a Su plan que conduce a la salvación de aquellos a quienes Él ama.

ORACIÓN. *Que yo pueda usar cada minuto de mi tiempo como un regalo precioso de Ti, oh Señor, y que nunca pierda la oportunidad de hacer el bien en Tu nombre.*

CON toda oración y súplica, oren en todo tiempo en el Espíritu. —Ef 6:18

JUN. 17

REFLEXIÓN. Hay muchas oportunidades a lo largo del día para recurrir a la oración. Incluso los momentos de tentación (p.ej., de ira, de celos, de juzgar, etc.) pueden ser oportunidades para orar por aquellos a quienes estaríamos dispuestos a rechazar.

Todo y cada momento es una oportunidad para abrir nuestro corazón al Espíritu de oración.

ORACIÓN. *Que yo ore siempre y en todas partes, sin cesar de alabarte y agradecerte, de pedirte perdón y de buscar Tu ayuda.*

LA MANO del Señor se posó sobre mí y me llevó fuera en el Espíritu. Me guio y colocó en medio de un valle que estaba lleno de huesos. —Ez 37:1

JUN. 18

REFLEXIÓN. Cuando el Espíritu guio al profeta Ezequiel a un campo lleno de huesos (que probablemente era una especie de cementerio), lo ayudó a ver una gran verdad de nuestra fe.

Ezequiel llegó a comprender que Dios nos resucitará de entre los muertos en el Último Día.

ORACIÓN. *Elévanos, oh Señor, a la gloria de Tu reino.*

L QUE tiene oído, oiga lo que el Espíritu dice... Al que venza, le daré el maná escondido. —Ap 2:17a

JUN. 19

REFLEXIÓN. En el Antiguo Testamento, el maná era el alimento que Dios les daba a los israelitas en el desierto. Parte del maná se almacenó en el Arca de la Alianza, la cual los judíos esperaban reaparecer en el Día del Señor.

Para los cristianos, el maná escondido es el hecho de que la Eucaristía es el Cuerpo y la Sangre de Jesús. En el Día del Señor, veremos a Jesús cara a cara.

ORACIÓN. *Señor, aliméntame con Tu maná. Satisfaz el hambre más profunda de mi corazón.*

OS QUE Te temen se alegrarán cuando me vean porque en Tu palabra pongo mi esperanza. —Sl 119:74

JUN. 20

REFLEXIÓN. Una persona llena del Espíritu siempre estará gozosa al ver a otra persona viviendo en los caminos de Dios. Será visto como una señal del amanecer del Reino de Dios.

Nuestro trabajo como cristianos no es solo rechazar lo que es malo, sino también celebrar el triunfo del bien en nosotros mismos y en los demás.

ORACIÓN. *Llena mi corazón de optimismo, Espíritu Santo, para que pueda ver cómo Tu bondad ya está triunfando en el mundo.*

UE la sabiduría me visite y me guíe, para que yo sepa lo que Te gusta.

—Sb 9:10b

JUN. 21

REFLEXIÓN. Ésta es una versión de la oración que el rey Salomón elevó al Señor. Se dio cuenta de que, por mucha buena voluntad que tuviera, no podía reinar con éxito por sí solo.

Necesitaba el don de la sabiduría del Espíritu Santo para gobernar al pueblo de Dios con justicia y compasión.

ORACIÓN. *Que Tu sabiduría me visite también a mí, oh Espíritu de Dios, y me guíe en todos mis caminos.*

IENTRAS haya vida en mí, y el aliento de Dios esté en mis narices, mis labios no dirán falsedad ni mi lengua engaño.

—Job 27:3-4

JUN. 22

REFLEXIÓN. El Espíritu es un Espíritu de verdad. No debemos permitirnos decir verdades a medias o "pequeñas mentiras piadosas" y mucho menos mentiras más grandes y serias.

El objetivo es ser tan transparentes que si las personas pudieran leer los pensamientos secretos de nuestros corazones no nos avergonzaríamos.

ORACIÓN. *Que todos mis pensamientos y todas mis palabras sean justos y amorosos.*

A HIERBA se seca y la flor se marchita cuando el aliento del Señor sopla sobre ellas. —Is 40:7

JUN. 23

REFLEXIÓN. Normalmente, el soplo del Espíritu de Dios trae vida. Pero en el desierto caliente, el viento sopla sobre las plantas del campo y las hace marchitar.

Si respondemos a la gracia de Dios, crecemos en santidad. Si luchamos contra la inspiración del Espíritu, la vida de Dios en nosotros se marchita y muere.

ORACIÓN. *Deja que Tu aliento sobre mí, oh Espíritu Santo, traiga salud y vida.*

ERA lleno del Espíritu Santo y hará volver a muchos de los israelitas al Señor su Dios. —Lc 1:15-16

JUN. 24

REFLEXIÓN. Juan el Bautista predicó el arrepentimiento a fin de que sus oyentes estuvieran listos para recibir al Mesías.

El Espíritu Santo nos invita a cada uno de nosotros a examinar las decisiones que tomamos en nuestra vida para que, como el pueblo de Israel, estemos dispuestos a dejar nuestros malos hábitos y caminos egoístas y aceptar los caminos de Dios.

ORACIÓN. *Condúceme de vuelta a Ti, oh Espíritu de Dios, porque Tú eres mi refugio y mi fortaleza.*

N ESPÍRITU de conocimiento y de *temor del Señor*, y se deleitará en el temor del Señor. —Is 11:2-3

JUN. 25

REFLEXIÓN. El temor del Señor no significa tener miedo de Dios. San Juan nos dice que donde hay amor, no hay miedo.

Más bien, el temor del Señor es estar asombrado y maravillado ante la grandeza del Señor. Es reconocer que Dios es el creador y nosotros las criaturas. El temor del Señor debe llevarnos a la alabanza y la adoración.

ORACIÓN. *Seas alabado y glorificado, Señor, en toda Tu grandeza.*

A SABIDURÍA se apresura a mostrarse a quienes la buscan. —Sb 6:12

JUN. 26

REFLEXIÓN. La sabiduría de Dios y los otros dones del Espíritu no nos son inaccesibles. Dios es generoso y regala estos dones a quienes los buscan.

No es posible forzar la mano de Dios, pero podemos prepararnos para acoger la generosidad del Señor.

ORACIÓN. *Prepara mi corazón, oh Espíritu Magnánimo de Dios, para la efusión de Tus dones.*

HAY en la sabiduría un Espíritu seguro que no es nefasto y ama el bien...

—Sb 7:22

JUN. 27

REFLEXIÓN. "¿Ser o no ser?" Estas palabras de Hamlet le han dado el apodo de "Hamlet" a alguien que no puede decidirse. Un Hamlet tiene miedo de comprometerse, de arriesgarse.

El Espíritu corre un riesgo excesivo amándonos desmedidamente. Este mismo Espíritu nos invita arriesgar vivir vidas de puro amor.

ORACIÓN. *Déjame arriesgarme por amor a Ti, oh Espíritu Santo, en la certeza de que serás fiel a Tu promesa.*

PERO, es Dios Que nos mantiene, tanto a nosotros como a ustedes, firmes en Cristo.

—2 Cor 1:21

JUN. 28

REFLEXIÓN. ¿Cómo sabemos que Dios nos ama? ¿Cómo sabemos si hacemos lo correcto? Es el Espíritu Santo Quien nos da esta seguridad.

No nos sentimos sacudidos por cada nueva idea o por el miedo. Sabemos hasta el fondo de nuestro ser que todo está bien.

ORACIÓN. *Espíritu de Dios, concédeme sentir Tu presencia y experimentar Tu consuelo cada día de mi vida.*

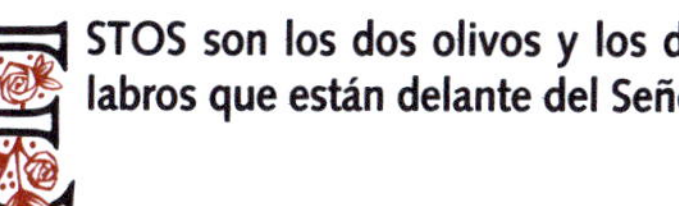

STOS son los dos olivos y los dos candelabros que están delante del Señor ...

—Ap 11:4

JUN. 29

REFLEXIÓN. Hay dos testigos en este texto (porque se necesitan dos para dar testimonio). Son candelabros (que son símbolos de la Iglesia).

Queman aceite, símbolo del poder del Espíritu Santo. Estos testigos están tan llenos del Espíritu que también son olivos; nunca les faltará este regalo.

ORACIÓN. *Derrama Tu don del Espíritu sobre Tu Iglesia, oh Señor, para que podamos ser tan valientes en dar testimonio como lo fueron San Pedro y San Pablo.*

EBEMOS dar siempre gracias a Dios por ustedes porque Dios los escogió desde el principio para salvación mediante la santificación por el Espíritu.

—2 Te 2:13

JUN. 30

REFLEXIÓN. Los primeros mártires cristianos tenían el valor de morir por la fe porque estaban llenos de la seguridad y el ánimo del Espíritu Santo. Si no, habrían juzgado sus muertes como una derrota.

En el Espíritu, se dieron cuenta de que la sangre de los mártires es la semilla dc la Iglesia.

ORACIÓN. *Que yo pueda vivir una vida de testimonio de mi fe, aun si debo pagar un precio.*

L CONSOLADOR, el Espíritu Santo Que el Padre enviará en Mi nombre, les enseñará todo y les recordará todo lo que les he dicho. —Jn 14:26

JUL. 1

REFLEXIÓN. Los misterios de Dios sobrepasan todo entendimiento humano.

Sin embargo, el Espíritu Santo nos revela lo que nunca podríamos haber entendido por inteligencia propia. Y nos ayuda a entender lo que ya hemos oído pero aún no hemos comprendido.

ORACIÓN. *Espíritu revelador de Dios, enséñame Tus verdades para que pueda entender Tus maravillas.*

N CUANTO a ustedes, la unción que recibieron de Él permanece en ustedes, y no tienen necesidad de que nadie les enseñe. —1 Jn 2:27

JUL. 2

REFLEXIÓN. Al ser receptivos a la acción del Espíritu Santo, aprendemos en nuestros corazones la verdad acerca de Dios. Para nosotros, las cosas tienen sentido de inmediato al escuchar o leerlas.

Sin embargo, este don en nuestros corazones siempre debe equilibrarse con la voz del Espíritu hablando a través del Magisterio.

ORACIÓN. *Habla a mi corazón, oh Espíritu Santo, y háblame a través de aquellos que has elegido para guiar a Tu Iglesia.*

N LA sabiduría hay un espíritu *seguro* que es tranquilo y que todo lo puede y que está atento a todo. —Sb 7:23

JUL. 3

REFLEXIÓN. En el mundo donde todo cambia y donde no siempre estamos convencidos de lo que es correcto, el Espíritu es un fundamento estable y seguro para nuestras creencias.

Cuando dudamos como el Apóstol Santo Tomás, el Espíritu nos anima y fortalece para que creamos.

ORACIÓN. *Cuando tenga dudas, oh Espíritu Santo, llena mi corazón con Tu certeza.*

ON su espíritu poderoso, vio el futuro y consoló a los dolientes de Sión. —Sir 48:24

JUL. 4

REFLEXIÓN. Hay momentos en que necesitamos reconocer que nuestras dificultades actuales no durarán para siempre. Debemos recordar que con Dios todo es posible.

El Espíritu nos da esta perspectiva porque el Espíritu nos llena de esperanza (lo que no significa que todo saldrá bien, sino que Dios nunca nos abandonará).

ORACIÓN. *Enséñame a esperar, Espíritu Santo, aun cuando la esperanza no parezca posible.*

IOS también dio testimonio de ello con señales y prodigios y varios milagros, y con dones del Espíritu Santo repartidos según Su voluntad. —**Heb 2:4**

JUL. 5

REFLEXIÓN. Durante todo Su ministerio, Jesús señaló al Padre como el dador de todos los dones buenos. Esto incluye los dones del Espíritu Santo.

Jesús y el Espíritu Santo obedecen la voluntad del Padre. La obediencia no es sumisión. Es cumplir la voluntad de Aquel Que quiere lo mejor para nosotros.

ORACIÓN. *Como Jesús y el Espíritu, oh Padre, que yo obedezca Tu voluntad.*

ES ruego por las misericordias de Dios que ofrezcan sus cuerpos como un sacrificio vivo, santo, y aceptable a Dios, un acto espiritual de adoración. —**Ro 12:1**

JUL. 6

REFLEXIÓN. Nuestros cuerpos son los templos del Espíritu Santo. Debemos tratarlos con dignidad y respeto. Santa María Goretti sirve como ejemplo de esto porque prefirió morir antes que permitir que su cuerpo fuera profanado.

¿Trato con respeto a mi cuerpo en cuanto a alimentación, ejercicio, recreación, etc.?

ORACIÓN. *Que Te ofrezca, a Ti, Dios, mi cuerpo como un regalo que es a la vez precioso y puro.*

U CABEZA y Su cabello eran blancos. . . y Sus ojos eran como una llama de fuego.. —Ap 1:14

JUL. 7

REFLEXIÓN. El cabello blanco puede ser un signo de ancianidad y sabiduría. El Hijo del Hombre comparte la antigua sabiduría del Padre.

En la Biblia los ojos representan la acción del Espíritu Santo. Los ojos de fuego del Hijo del Hombre significan que Él está lleno del Espíritu, capaz de escrudiñar nuestros corazones y almas.

ORACIÓN. *Mira mi corazón, oh Espíritu de Dios, y sana lo que no está lleno de Tu amor.*

O APAGUEN el Espíritu. No desprecien las profecías. —1 Te 5:19-20

JUL. 8

REFLEXIÓN. El Espíritu a menudo habla de maneras que no hubiéramos esperado y a través de personas en las que desconfiaríamos.

No podemos cerrar nuestras mentes y corazones a la voz del Espíritu Que habla a través de ellos para no privarnos de la sabiduría del Espíritu.

ORACIÓN. *Oh Espíritu de Dios, ayúdame a estar atento a las formas en que hablas en nuestros tiempos.*

IN embargo, ustedes no viven según la carne, sino según el Espíritu, porque el Espíritu de Dios mora en ustedes.—Ro 8:9

JUL. 9

REFLEXIÓN. San Pablo contrapone la carne al espíritu. Por "la carne," no se refiere a nuestros cuerpos materiales y al mundo de la creación. Más bien, se refiere a esa parte de nosotros que puede degradarnos, nuestra terrenalidad, o lo que San Agustín llamó nuestra concupiscencia.

Tenemos que rechazar esas tendencias si queremos acoger la acción del Espíritu.

ORACIÓN. *Purifica mi corazón, oh Dios, para que yo viva del Espíritu y no de la carne.*

N LA sabiduría hay un espíritu único que es múltiple, sutil, y ágil. —Sb 7:22

JUL. 10

REFLEXIÓN. En la filosofía griega, las cosas que eran copias no se consideraban tan buenas como las cosas que eran totalmente únicas. El Espíritu Santo es diferente a cualquier otro espíritu en bondad, santidad, y generosidad, etc.

No debemos consultar a otros espíritus (por ejemplo, a través de horóscopos o magia o psíquicos) porque no son tan poderosos ni tan buenos como el Espíritu de Dios.

ORACIÓN. *Que yo Te elija a Ti—y sólo a Ti, Espíritu de Dios—para guiarme en mis caminos.*

A GRACIA del Señor Jesucristo, el amor de Dios, y la comunión del Espíritu Santo sean con todos ustedes. —2 Cor 13:13

JUL. 11

REFLEXIÓN. Las tres palabras—gracia, amor, y comunión—apuntan básicamente la misma cosa. Representan la relación íntima entre las personas de la Trinidad.

Si estamos unidos a Dios, también viviremos en comunión con los que nos rodean. Nuestras relaciones, de hecho, deben basarse en las de las personas de la Trinidad.

ORACIÓN. *Que todas mis relaciones reflejen la generosidad de espíritu exhibida por las personas de la Trinidad.*

¿

SUPONEN ustedes que en vano dice la Escritura: "El Espíritu que Él hizo morar en nosotros nos anhela celosamente?" —Sant 4:5

JUL. 12

REFLEXIÓN. Hay algunas personas que creen que todo vale, que toda idea es tan buena como las demás. El Espíritu nos recuerda que no podemos decir "sí" a todo.

A veces tenemos que rechazar ideas falsas para vivir en la verdad con toda seguridad.

ORACIÓN. *Concédeme decir siempre "sí" a Ti y "no" a lo que me aleja de Ti.*

¿NO LOS ha hecho Dios un mismo ser, de carne y de espíritu? Así que cuídense ustedes .... y no traicionen a la esposa de su juventud. —Ml 2:15

JUL. 13

REFLEXIÓN. Dios creó a Adán y Eva para que se apoyaran mutuamente.

Al casarse, dos personas se unen en cuerpo y alma y hacen una alianza sagrada entre ellos. El Profeta Malaquías vio el divorcio como una violación física y espiritual de este sagrado pacto.

ORACIÓN. *Espíritu Santo, por favor sana los matrimonios que están pasando por dificultades.*

EL FRUTO del Espíritu es ... generosidad, fidelidad, mansedumbre, y dominio propio. —Ga 5:22-23

JUL. 14

REFLEXIÓN. El Espíritu, siendo el amor mutuo del Padre y del Hijo, es pura generosidad, pura entrega de sí mismo al otro.

Cuando vivimos en el Espíritu, queremos compartir el amor de Dios para con nosotros y compartir también las bendiciones materiales que hemos recibido por la bondad de Dios.

ORACIÓN. *Que yo sea generoso en lo que tengo y en lo que soy, oh don bondadoso del Altísimo.*

RÉ, y se me dio la prudencia; supliqué, y el espíritu de sabiduría vino a mí.

—Sb 7:7

JUL. 15

REFLEXIÓN. Salomón oró por prudencia y sabiduría para poder gobernar al pueblo de Dios con justicia. Siendo su pedido desinteresado, Dios le concedió lo que buscaba.

Cuando oramos, nuestros deseos no deben estar motivados por el egoísmo. Sólo debemos desear aquellos dones que más nos ayuden a servir a los demás.

ORACIÓN. *Concédeme, Espíritu Santo, los dones que me harán más generoso y amoroso.*

E REPENTE, vino del cielo un ruido como el de una violenta ráfaga de viento, y llenó toda la casa donde estaban reunidos.

—He 2:2

JUL. 16

REFLEXIÓN. En el primer capítulo de Génesis, un fuerte viento/el Espíritu de Dios se cernía sobre el caos. (La palabra hebrea para viento también podría traducirse Espíritu).

Ahora, en la nueva creación de Pentecostés, leemos de nuevo acerca de ese poderoso viento/Espíritu Santo. Dios está dando a María y a los Apóstoles una vida nueva y más profunda.

ORACIÓN. *Recrea mi corazón, oh Promesa del Padre, y renueva al mundo en Tu amor.*

ROCUREN alcanzar el amor, pero ambicionen los dones espirituales, sobre todo el de profecía —1 Cor 14:1

JUL. 17

REFLEXIÓN. Profetizar significa ver las cosas desde el punto de vista de Dios. Este es un regalo esencial para la comunidad porque necesitamos personas que nos den esta perspectiva.

Sin embargo, este don y todos los demás dones espirituales deben usarse con amor.

ORACIÓN. *Espíritu revelador de Dios, guíanos a través de los conocimientos que nos brindan Tus profetas en nuestra comunidad.*

L QUE guarda Sus mandamientos permanece en Dios, y Dios en él. —1 Jn 3:24

JUL. 18

REFLEXIÓN. Nuestra fe tiene dimensiones interior y exterior. La dimensión interior es el Espíritu de Dios Que vive en nuestro corazón, un Espíritu Que nos enseña quién es Dios y qué quiere Dios de nosotros.

La dimensión exterior consiste en guardar los mandamientos de Dios y seguir los caminos de Dios.

ORACIÓN. *Concédeme permanecer en Ti, Espíritu Santo, expresando mi fe en palabra y obra.*

N LA sabiduría se encuentra un espíritu inteligente, *santo*, único, múltiple, sutil, ágil, claro, inmaculado, seguro, etc.

—Sb 7:22-23

JUL. 19

REFLEXIÓN. El Libro de la Sabiduría enumera veintiún atributos de la sabiduría. En la Biblia, siete es el número perfecto, y el superlativo se forma diciendo las cosas tres veces (p.ej., santo, santo, santo).

El Espíritu Santo, Quien es la fuente de toda sabiduría, es el más perfecto.

ORACIÓN. *Concédenos Tus dones abundantes, oh Espíritu de Dios, y llénanos de Tu sabiduría.*

L ESPÍRITU dice claramente que en los últimos tiempos algunos abandonarán la fe. Correrán tras espíritus engañadores y doctrinas diabólicas . . . —1 Tim 4:1

JUL. 20

REFLEXIÓN. No todas las ideas o teorías nuevas provienen de Dios. Muchas de ellas son el resultado del pensamiento egocéntrico o de la especulación vacía.

Oramos para que el Espíritu llene nuestros corazones mientras escuchamos las enseñanzas del Magisterio para que podamos vivir siempre en la verdad.

ORACIÓN. *Espíritu Santo, oro por todos aquellos que han sido engañados por las últimas modas. Condúcelos a casa por Tu verdad.*

UESTRO evangelio les llegó a ustedes no sólo en palabras sino también en poder, en el Espíritu Santo, y en plena convicción. —1 Te 1:5

JUL. 21

REFLEXIÓN. San Pablo y sus compañeros habían sido golpeados antes de llegar a Tesalónica. Normalmente, esto produciría miedo y reticencia. Pero el Espíritu Santo llenó de valor a los discípulos.

Al mismo tiempo, el Espíritu movió a los tesalonicenses a escuchar a los discípulos y a convertirse al Señor.

ORACIÓN. *Espíritu de Dios, concédeme Tu poder y autoridad para que pueda compartir Tu mensaje sin temor.*

¡UAŃ bella eres, amada mía, cuán bella eres! Tus ojos son como palomas. —Ct 1:15

JUL. 22

REFLEXIÓN. El Espíritu Santo es el amor entre el Padre y el Hijo y es también Su amor a nosotros.

En los tiempos del Antiguo Testamento, la paloma no era un símbolo de paz como lo es hoy; más bien, era un símbolo de amor. Por eso el Espíritu Santo aparece en forma de paloma.

ORACIÓN. *Desciende, oh Paloma, oh Espíritu de amor, sobre Tu Iglesia y sobre mí.*

OSOTROS somos la circuncisión, los que adoramos por el Espíritu de Dios y nos gloriamos en Cristo Jesús y no ponemos ninguna confianza en la carne. —Flp 3:3

JUL. 23

REFLEXIÓN. Pablo estaba luchando contra los que se dedicaban a lo que él consideraba prácticas arcaicas como la circuncisión, las leyes dietéticas, etc. Argumenta que somos un nuevo pueblo elegido por nuestra fe en Jesús Quien ha insuflado el Espíritu en nuestros corazones.

Lo que hacemos externamente siempre debe motivarse por una expresión interna de fe.

ORACIÓN. *Señor, concédeme poner toda mi esperanza y mi fe más profunda en Jesús, por el don de la fe dado por el Espíritu Santo.*

CADA uno se le da la manifestación del Espíritu para el bien común. —1 Cor 12:7

JUL. 24

REFLEXIÓN. Cuando el Espíritu nos da varios dones, no es para nuestro propio beneficio. El Espíritu no quiere que nos volvamos arrogantes o posesivos. Se nos dan dones para que los usemos para el bien común: la edificación del cuerpo de Cristo.

Por eso debemos regocijarnos por los dones que otros han recibido, porque realmente son dados a todos nosotros.

ORACIÓN. *Gracias, Espíritu Bondadoso, por los dones que me has dado a mí y a los que me rodean.*

JUAN respondió, diciendo a todos, "Yo los bautizo a ustedes con agua, pero viene uno ... Él los bautizará con el Espíritu Santo y fuego. —Lc 3:16

JUL. 25

REFLEXIÓN. Juan reconoció que suyo fue sólo un bautismo de arrepentimiento, un apartamiento del pecado. El bautismo de Jesús implicó apartarse del pecado pero también ser invitado a la vida de Dios a través del soplo del Espíritu Santo en nuestros corazones.

El fuego del Espíritu Santo purificará nuestros corazones e inflamará nuestro amor.

ORACIÓN. *Espíritu Santo, Santificador, bautízame de nuevo en Tu fuego de amor.*

LE [A SIMEÓN] había sido revelado por el Espíritu Santo, que no vería la muerte antes que viese al Cristo del Señor. —Lc 2:26

JUL. 26

REFLEXIÓN. No sabemos si Simeón recibió una visión o simplemente intuyó en su corazón que vería al Mesías. El Espíritu Santo revela las cosas de varias maneras (a través de visiones, sueños, hambre en el corazón, etc.)

La promesa hecha a Simeón pertenece a nosotros también: Jesús Se nos revelará.

ORACIÓN. *Revélame Tus verdades, oh Espíritu de Sabiduría, y enséñame cómo compartir esos conocimientos con los demás.*

IJO mío, acepta la disciplina desde tu juventud, y hasta cuando tengas blancos tus cabellos progresarás en la sabiduría. —Sir 6:18

JUL. 27

REFLEXIÓN. La disciplina no es mala. Es una herramienta espiritual para ayudarnos a decir "sí" a las cosas que nos llevan a Dios y "no" a las cosas que nos pueden desviar.

La disciplina no nos hace farisaicos y egoístas; más bien, nos ayuda a adquirir generosidad de espíritu.

ORACIÓN. *Corrígeme cuando me desvíe, oh Espíritu de Disciplina, y concédeme la fuerza que necesito para seguir Tus caminos.*

¿ 

UIÉN guió al Espíritu del Señor, y quién ha sido Su consejero y Le ha enseñado? —Is 40:13

JUL. 28

REFLEXIÓN. Es absurdo pensar que podemos obligar a Dios a hacer cualquier cosa. Dios controla todo.

Sin embargo, Jesús también enseñó que somos amigos y colaboradores de Dios. Él responde a nuestras oraciones como un padre amoroso que quiere sólo lo que es bueno para sus hijos.

ORACIÓN. *Gracias, Dios, por la increíble dignidad que me has conferido.*

ERRAMARÉ agua sobre el suelo sediento, y torrentes sobre la tierra seca. —Is 44:3

JUL. 29

REFLEXIÓN. El agua es un símbolo del Espíritu Santo. Dios promete que derramará abundantemente este Espíritu sobre Su pueblo para que su vida de fe sea cada vez más fructífera.

A veces decimos que estamos pasando por un momento seco en nuestra vida espiritual cuando parece que estamos atrapados en el desierto. Dios convierte el desierto de nuestros corazones en tierra fértil.

ORACIÓN. *Apaga la sed de mi corazón, oh Dios, y refréscame en Tu amor.*

O SEAS impaciente cuando ores y nunca dejes de dar limosna. —Sir 7:10

JUL. 30

REFLEXIÓN. Hay una diferencia entre el tiempo de Dios y nuestro tiempo. Nuestro tiempo pasa un minuto tras otro. El tiempo de Dios consiste en cuando Dios quiere que sucedan las cosas, el tiempo señalado.

El Espíritu nos invita a esperar pacientemente la respuesta a nuestras oraciones porque la oración es un acto de entrega a la voluntad de Dios.

ORACIÓN. *Señor, enséñame cuándo quedarme quieto y cuándo actuar.*

L FRUTO del Espíritu es ... *dominio propio.* Contra tales cosas no hay ley.

—Ga 5:22-23

JUL. 31

REFLEXIÓN. El Espíritu nos ayuda a disciplinarnos para que podamos acoger lo que nos hace más semejantes a Dios y podamos rechazar las cosas que nos desviarían de la meta.

Decir "no" a ciertas cosas no condiciona nuestra libertad. Más bien, somos más libres cuando podemos controlar nuestras pasiones.

ORACIÓN. *Enséñame paciencia y dominio propio, oh Espíritu Virtuoso, especialmente cuando me siento tentado por la ira y el exceso.*

¿

O SE dan cuenta de que ustedes son templo de Dios y que el Espíritu de Dios habita en ustedes?

—1 Cor 3:16

AG. 1

REFLEXIÓN. En el Antiguo Testamento, el pueblo judío tenía un templo en Jerusalén que se consideraba la morada de Dios en la tierra. En el Nuevo Testamento, nuestros cuerpos son ese templo porque el Espíritu de Dios mora en nuestros corazones.

Como la Eucaristía es pan que el Espíritu convierte en el cuerpo de Cristo, así nuestros cuerpos son carne llena del Espíritu que forma parte del cuerpo místico de Cristo.

ORACIÓN. *Habita en mi corazón, oh Espíritu de Dios, y conságrame en Tu gracia.*

UANDO venga el Consolador, Que les enviaré del Padre, el Espíritu de verdad Que procede del Padre, Él dará testimonio acerca de Mí. —Jn 15:26

AG. 2

REFLEXIÓN. En el Evangelio de Juan, el Padre y el Hijo envían el Espíritu Santo al mundo. En los otros Evangelios, son el Padre y el Espíritu Santo Quienes traen a Jesús a este mundo.

Estas diferencias no son contradicciones. Se trata de grandes misterios, y hay muchas maneras de expresar estas ideas.

ORACIÓN. *Que yo nunca permita que los misterios de la fe se conviertan en obstáculos para mi creencia.*

ON esto el Espíritu Santo nos revela que mientras el primer tabernáculo siga en pie, todavía no había sido mostrado el camino hacia el santuario. —Heb 9:8

AG. 3

REFLEXIÓN. Nuestras iglesias, si bien son lugares santos, son solamente un presagio de la gloria que nos espera en el cielo.

El Espíritu ya nos da este presagio de lo que está por venir, pero también nos anima a anhelar nuestro verdadero hogar en el cielo.

ORACIÓN. *Concédeme encontrarte en mi iglesia parroquial, Señor, pero haz que eso sea sólo el comienzo.*

ABIENDO dicho esto, sopló sobre ellos y les dijo: "Reciban el Espíritu Santo. A quienes les perdonen sus pecados, les serán perdonados..." —Jn 20:22-23

AG. 4

REFLEXIÓN. El sacramento de la reconciliación es un encuentro con la misericordia de Dios. El pecado nos ha herido; nos ha dejado el corazón quebrantado. El Espíritu Santo, el amor de Dios, sana nuestros corazones.

El Espíritu, en cierto sentido, nos recrea cada vez que recibimos el perdón de nuestros pecados.

ORACIÓN. *Yo confieso ante Dios todopoderoso...*

L SEÑOR Dios formó al hombre del polvo de la tierra y sopló en su nariz el aliento de vida; y el hombre se convirtió en un ser viviente. —Gn 2:7

AG. 5

REFLEXIÓN. Los judíos creían que las criaturas necesitaban dos cosas para ser vivas: sangre y aliento. La sangre significa vida. Aliento significa participación en la vida del Espíritu de Dios.

Los seres humanos no son sólo animales fantásticos. Participamos en la vida de Dios.

ORACIÓN. *Espíritu vivificante de Dios, avívame con Tu aliento, lléname con Tu vida.*

TODOS nosotros estamos siendo transformados en la misma imagen de gloria en gloria por la acción del Señor, Que es el Espíritu. **AG. 6**

—2 Cor 3:18

REFLEXIÓN. El Espíritu ya nos revela la gloria de Dios en esos momentos en que trascendemos nuestra vida diaria y vislumbramos la grandeza y la santidad de Dios. Estos momentos, como la Transfiguración delante de los Apóstoles, nos dan la fuerza para recorrer el camino de la vida cotidiana que a veces es difícil.

¿He vislumbrado alguna vez la santidad de Dios?

ORACIÓN. *Quita el velo por un momento, Señor, y concédeme ver Tu gloria.*

LA PALABRA de Dios es viva y eficaz. Más cortante que cualquier espada de dos filos, penetra hasta partir el alma y el espíritu. **AG. 7**

—Heb 4:12ab

REFLEXIÓN. Al escuchar o leer la Palabra de Dios, ella llega al núcleo más recóndito de nuestro ser. Si aun la leemos descuidadamente, se planta en nuestras mentes y corazones, y cuando es el momento apropiado, demuestra ser efectiva.

¿He experimentado alguna vez que la Palabra de Dios me quitó la indiferencia y la confusión?

ORACIÓN. *Háblame, oh Verbo de Dios, y enséñame los misterios de Tu revelación.*

N LA sabiduría hay un espíritu que *ama el bien* y es agudo y *eficaz* . . . —Sb 7:22

AG. 8

REFLEXIÓN. A veces, puede ser difícil distinguir lo que es bueno de lo que es malo, y aún más difícil distinguir lo que es bueno de lo que es mejor.

Es el Espíritu Santo Quien nos ayuda, diciéndonos en nuestro corazón cuál es realmente el camino de Dios y cuál no lo es.

ORACIÓN. *Espíritu Santo, concédeme la sabiduría para discernir el bien y otórgame el valor para elegirlo sin reservas.*

OR SU misericordia, nos salvó mediante el lavamiento de la regeneración y de la renovación por el Espíritu Santo. —Tit 3:5

AG. 9

REFLEXIÓN. San Pablo estaba convencido de que no merecía ser llamado amigo especial de Dios. Había perseguido a la Iglesia, tratando de matar a los santos de Dios.

Sin embargo, Dios lo eligió y lo consagró para ser un instrumento especial de Su misericordia. Fue más eficaz por el hecho mismo de ser un ejemplo concreto de esa misericordia.

ORACIÓN. *Que mi vida de fe sea un ejemplo de gracia para los que me rodean.*

EL QUE venza será revestido con vestiduras blancas. —Ap 3:5a

AG. 10

REFLEXIÓN. Hoy el blanco significa pureza. En el Nuevo Testamento, el blanco significaba el poder de la resurrección. (Por eso, los ángeles en la tumba y el Jesús resucitado están vestidos de blanco).

Si venzamos como lo hizo Jesús (al morir en la Cruz), entonces seremos partícipes de Su resurrección.

ORACIÓN. *Espíritu de Dios, vísteme de las vestiduras blancas que significan que estoy unido a Cristo resucitado.*

EL FRUTO del Espíritu es *amor*, gozo, paciencia, benignidad, generosidad... —Ga 5:22

AG. 11

REFLEXIÓN. El verdadero amor es la buena disposición a vivir y morir el uno por el otro. No es un sentimiento o una emoción. El verdadero amor es una elección que finalmente nos llevará a la Cruz.

Ninguno de nosotros tiene la fuerza para hacer esto. Es el Espíritu Quien nos da la gracia que necesitamos.

ORACIÓN. *Espíritu de Amor, enséñame el verdadero significado del amor.*

OR un mismo Espíritu fuimos todos bautizados en un solo cuerpo, tanto judíos como griegos, tanto esclavos como libres. . .

—1 Cor 12:13

AG. 12

REFLEXIÓN. Aquí en la tierra, las diferencias raciales o económicas a veces se consideran importantes. El Espíritu nos recuerda que estas cosas son sin importancia a la luz de nuestra salvación.

Todos somos amados por Dios, y no importa quiénes seamos o lo que hagamos. Todos podemos responder al llamado de Dios y compartir Su bondad.

ORACIÓN. *Espíritu de Verdad, ayúdame a ignorar nuestras distinciones terrenales.*

O, EN cambio, estoy lleno... del Espíritu del Señor. . . para declarar a Jacob sus crímenes y a Israel sus pecados.

—Mi 3:8b

AG. 13

REFLEXIÓN. El Espíritu de Dios nos ayuda a ser honestos acerca de nuestra pecaminosidad.

El Espíritu, Quien es el amor y la compasión de Dios, quiere que experimentemos la sanidad divina. Sin embargo, sólo podemos ser sanados si admitimos que necesitamos la sanidad, que hemos pecado, y que quedamos quebrantados.

ORACIÓN. *Espíritu de Dios, enséñame a ser sincero contigo y conmigo mismo cada vez que hago el examen de conciencia.*

ENDITO sea el Dios y Padre de nuestro Señor Jesucristo, Que nos bendijo con toda bendición espiritual en el cielo en Cristo. —Ef 1:3

AG. 14

REFLEXIÓN. Al reflexionar sobre los muchos dones que hemos recibido del Espíritu Santo, la gratitud es la única respuesta posible. Estos dones incluyen nuestros talentos y deseos santos, etc.

Entre estos hay dones que aún no hemos discernido, pero que se revelarán en el tiempo de Dios.

ORACIÓN. *Ayúdame a reconocer los dones que me has dado, oh Santo Don de Dios, y enséñame a usarlos bien.*

UI arrebatado en espíritu; y he aquí, un trono que estaba puesto en el cielo. —Ap 4:2

AG. 15

REFLEXIÓN. No sabemos si este vidente está diciendo que vio una visión o que fue llevado físicamente al cielo. De cualquier manera, se paró ante el trono de Dios.

La Santísima Virgen María, al término de su vida en este mundo, fue llevada por el Espíritu en cuerpo y alma al cielo.

ORACIÓN. *Cólmame de Tu Espíritu, Señor, como lo hiciste con la Santísima Virgen María, para que yo conozca Tu gloria.*

NTONCES me dijo, "No selles las palabras de la profecía de este libro, porque el tiempo está cerca." —Ap 22:10

AG. 16

REFLEXIÓN. Normalmente, a los que recibieron visiones apocalípticas se les mandó que sellaran sus libros hasta que llegara el momento final. Pero, por Su muerte y resurrección, Jesús inauguró los últimos tiempos.

Éste es el momento de entregar nuestro corazón al Señor. No sabemos cuánto tiempo tenemos hasta que Él venga y nos llame a casa.

ORACIÓN. *Que yo viva cada momento, oh Espíritu de los Profetas, como si fuera un regalo precioso de Ti.*

N ESPÍRITU de *fortaleza* y un espíritu de conocimiento y de temor del Señor... —Is 11:2

AG. 17

REFLEXIÓN. La fortaleza no es la capacidad de dominar a los demás. A veces, la persona más fuerte es la que puede ser vulnerable.

La fortaleza consiste en la capacidad de hacer lo que es correcto y bueno. Significa no dejarse llevar por lo popular o conveniente.

ORACIÓN. *Fortaléceme, oh Espíritu de Dios, aun cuando esto signifique que debo admitir que soy débil.*

IENTRAS Jesús oraba, después de ser bautizado, el cielo se abrió y el Espíritu Santo descendió sobre Él en forma corporal como paloma.

—Lc 3:21-22

AG. 18

REFLEXIÓN. Jesús ora ocasionalmente en los Evangelios de Mateo y Marcos, pero ora con frecuencia en el Evangelio de Lucas. Él ora para discernir la voluntad del Padre y tener el coraje de aceptarla.

Al permitir que el Espíritu guíe nuestras oraciones, sabemos lo que Dios quiere de nosotros y podemos responder a este llamado.

ORACIÓN. *¿Qué quieres de mí, Señor? Envía Tu Espíritu a mi corazón para que me lo diga.*

ADA uno de los cuatro seres vivientes tenía seis alas, y todos estaban cubiertos de ojos alrededor y debajo de las alas.

—Ap 4:8

AG. 19

REFLEXIÓN. Los cuatro seres vivientes representan lo mejor de la creación. El león es el rey de las bestias, el buey el rey de los animales de granja, el águila el rey de las aves, y el humano el rey de toda la creación.

Los ojos en sus alas representan la presencia del Espíritu Santo, porque la creación nos revela la bondad y la grandeza de Dios.

ORACIÓN. *Que yo descubra Tu presencia creativa en todo lo que veo a mi alrededor.*

EN LA sabiduría hay un espíritu que es *santo*, único y, sin embargo, múltiple. . .

—Sb 7:22

AG. 20

REFLEXIÓN. En la Biblia, la palabra "santo" significa ser totalmente otro, alguien o algo que está más allá de nuestra comprensión y que nos llena de asombro y estupor.

A medida que experimentamos la acción del Espíritu Santo en nuestras vidas, nos llenamos de asombro porque los caminos de Dios están mucho más allá de los nuestros.

ORACIÓN. *Colma mi corazón de asombro, oh Glorioso Espíritu de Dios.*

TENGAN cuidado de sí mismos y de todo el rebaño sobre el cual el Espíritu Santo los ha puesto como obispos ...

—He 20:28

AG. 21

REFLEXIÓN. Creemos que el Espíritu de Dios dirige la elección de nuestro Santo Padre y también que lo guía en su ministerio de gestión de la Iglesia.

Sin embargo, él es un hombre y necesita nuestras oraciones cada día para poder cumplir con sus enormes responsabilidades.

ORACIÓN. *Señor, bendice y protege a nuestro Santo Padre y a nuestros obispos.*

O LE daré la estrella de la mañana. —Ap 2:28

AG. 22

REFLEXIÓN. Jesús resucitó de entre los muertos antes del amanecer del Domingo de Pascua. La estrella de la mañana, Venus, sale inmediatamente antes del amanecer. Venus era considerada la diosa del amor y de la victoria. El amor venció a la muerte muy temprano en la mañana de Pascua.

Jesús comparte este don con los que están dispuestos a morir con Él para que puedan también resucitar con Él.

ORACIÓN. *Levántame de la muerte del pecado, oh Espíritu de Vida, y resucítame del sueño de la muerte en el último día.*

UANDO venga el Espíritu de la verdad, Él los guiará a toda la verdad. —Jn 16:13

AG. 23

REFLEXIÓN. La Iglesia habría podido tomar decisiones equivocadas o cometer muchos errores. Pero esto no aconteció, porque el Espíritu la guió por el camino recto.

Si abrimos nuestras mentes y corazones, el Espíritu nos guiará; entonces nosotros tampoco nos perderemos nunca.

ORACIÓN. *Espíritu de Verdad, revélame Tu verdad.*

E LES aparecieron lenguas como de fuego que se repartieron y se posaron sobre cada uno de ellos. —He 2:3

AG. 24

REFLEXIÓN. Cuando los Apóstoles y la Santísima Virgen María recibieron el Espíritu Santo el Domingo de Pentecostés, cada uno de ellos recibió una llama individual sobre su cabeza. Esto nos recuerda que cada uno de nosotros recibe el regalo que más le conviene.

El don del Espíritu no es genérico. Es personal e íntimo.

ORACIÓN. *Fuego Consumidor, concédeme los dones que Tú juzgues buenos para mí.*

N EL último y gran día de la fiesta, Jesús Se puso de pie y exclamó, "Si alguno tiene sed, que venga a Mí y beba." —Jn 7:37

AG. 25

REFLEXIÓN. Uno de los símbolos de la Fiesta de la Dedicación era el agua. Jesús explica que Él es la fuente de agua viva. Esta agua representa el Espíritu de Dios que fluye en nuestros corazones.

Jesús y el Padre derraman este Espíritu sobre nosotros, y el Espíritu apaga la sed más profunda de nuestros corazones.

ORACIÓN. *Manantial de agua celestial, apaga la sed desértica de mi alma.*

L VER Simón que el Espíritu se daba por la imposición de las manos de los Apóstoles, les ofreció dinero.—He 8:18

AG. 26

REFLEXIÓN. Simón malinterpretó la acción del Espíritu Santo como una forma de magia. El Espíritu obra a través del amor, no de la magia.

De igual manera, la oración debe ser un acto de amor por el cual confiamos en que Dios nos dará la respuesta más amorosa posible. La oración no es un acto de magia por la cual tratamos de manipular a Dios.

ORACIÓN. *Que mis formas de piedad nunca se conviertan en actos de superstición o magia.*

L FRUTO del Espíritu es *paciencia*, bondad, generosidad, y fidelidad...

—Ga 5:22-23

AG. 27

REFLEXIÓN. Las cosas no siempre se hacen según nuestros horarios. Hay dos palabras en la Biblia para el tiempo. Una simplemente significa un minuto tras otro (cronos). La otra (kairos) significa el tiempo señalado por Dios.

A menudo tenemos que esperar a que Dios desarrolle Su plan en Su tiempo. No tenemos el control.

ORACIÓN. *Señor, que yo sea paciente contigo, con los demás, e incluso conmigo mismo.*

NTONCES se postraron y clamaron, "Dios de los espíritus y de toda la humanidad, cuando un solo hombre peca, ¿por qué airarte contra todos nosotros?"—Nm 16:22

AG. 28

REFLEXIÓN. Los antiguos reconocieron que había un mundo tanto espiritual como físico. A veces nos enfocamos tanto en el mundo material que perdemos de vista la otra dimensión de la realidad.

El Espíritu Santo nos recuerda que hay niveles de realidad que no se pueden medir pero son reales.

ORACIÓN. *Creo en Dios Que creó lo visible y lo invisible.*

SÍ como el cuerpo sin espíritu está muerto, así también la fe sin obras está muerta. —Sant 2:26

AG. 29

REFLEXIÓN. Lo que nos dio vida (tanto física como espiritual) fue el Espíritu Santo, insuflado en nosotros al momento de nuestra concepción. La vida en Dios tiene que ser expresada tanto por lo que creemos como por lo que hacemos.

Sin fe, estamos casi muertos.

ORACIÓN. *Espíritu Santo, sopla Tu vida en mi corazón y en mis acciones.*

DIOS compartió con los setenta ancianos el Espíritu que estaba sobre Moisés. Cuando el Espíritu descansó sobre ellos, se pusieron a profetizar. —Nm 11:25

AG. 30

REFLEXIÓN. El Espíritu de Dios guió a Moisés en su decisión de buscar la ayuda de los ancianos de Israel.

Debemos discernir la voluntad de Dios y hacerla. Después de haber actuado, debemos examinar lo que hicimos para asegurarnos de que fue verdaderamente la voluntad de Dios.

ORACIÓN. *Guíame, Espíritu de Dios, por Tus caminos.*

LOS espíritus de los Profetas están sujetos a los Profetas. —1 Cor 14:32

AG. 31

REFLEXIÓN. Los Profetas de la comunidad cristiana primitiva interpretaron las Sagradas Escrituras y luego aplicaron sus lecciones a la vida diaria. Hoy esto se llamaría la predicación.

Estos mensajes tenían que ser inteligibles para que la comunidad se beneficiara, por lo que los Profetas de la comunidad necesitaban tanto entusiasmo como conocimiento.

ORACIÓN. *Guía a los que predican en mi parroquia, oh Espíritu Santo, para que expresen bien y con entusiasmo Tu verdad.*

[LOS Profetas] investigaban qué tiempo y cuáles circunstancias el Espíritu, Que estaba en ellos, indicaba cuando testificó acerca de los sufrimientos de Cristo...

—1 Pe 1:11

SEPT. 1

REFLEXIÓN. El pueblo judío esperaba que su Mesías triunfara. Sin embargo, algunos de los Profetas también hablaron de los sufrimientos del Mesías.

Ellos no pensaron en esto sin ayuda. Fue sólo a través de la inspiración del Espíritu Santo que pudieron haber predicho algo tan increíble.

ORACIÓN. *Que yo comprenda lo que no tiene sentido y afirme lo que está más allá de mi comprensión.*

ENTONCES Josué, hijo de Nun, estaba lleno del espíritu de Sabiduría, porque Moisés había puesto sus manos sobre él.

—Dt 34:9

SEPT. 2

REFLEXIÓN. Moisés se dio cuenta de que había llegado al fin de su vida, por lo que impuso sus manos sobre Josué, su sucesor. No trató de aferrarse a esta responsabilidad como si fuera su propia posesión.

La sabiduría nos llama a saber cuándo transferir nuestra autoridad y responsabilidades a alguien que pueda llevar a cabo nuestro trabajo.

ORACIÓN. *Señor, concédeme servirte a Ti y a la comunidad sólo mientras lo desees.*

L VENCEDOR yo lo haré columna en el templo de mi Dios y nunca más saldrá de allí. —Ap 3:12

SEPT. 3

REFLEXIÓN. La vida está llena de inseguridad. A veces nos preguntamos si hay algo que dure para siempre.

La fidelidad de Dios nunca vacilará. Seremos como una columna estable en la casa de Dios.

ORACIÓN. *Haz mi fe firme e inquebrantable, oh Espíritu de Fortaleza, para que yo siempre habite en Ti.*

A SABIDURÍA que desciende de lo alto es ... no juzgadora, no fingida. —Sant 3:17

SEPT. 4

REFLEXIÓN. Es tan fácil creer los juicios falsos que los unos tienen de los otros y viceversa. Escuchamos mentiras y exageraciones. El Espíritu de Sabiduría nos ayuda a descubrir la verdad.

¿Qué causa divisiones y desacuerdos en mi comunidad de fe?

ORACIÓN. *Espíritu de Verdad, ayúdame a ver a los demás como Tú los ves.*

¿STA alguno de ustedes enfermo? Llame a los presbíteros de la Iglesia para que oren sobre él y lo unjan con aceite... —Sant 5:14

SEPT. 5

REFLEXIÓN. El Espíritu de Dios es la fuente de toda sanidad, tanto física como espiritual. Oramos para que cualquier cosa que esté enferme en nosotros pueda sanarse, pero también contribuimos a nuestra sanación (p.ej., yendo al médico, comiendo bien, hablando con un consejero).

Dios obra tanto directa como indirectamente a través de intermediarios.

ORACIÓN. *Oro por todos los que recibirán el Sacramento de la Unción hoy. Señor, bendícelos y cúralos en Tu amor.*

ABIÁ en Jerusalén un hombre que se llamaba Simeón que era justo y piadoso.... el Espíritu Santo estaba sobre él. —Lc 2:25

SEPT. 6

REFLEXIÓN. Simeón era un hombre de oración, por lo que estaba dispuesto a los impulsos del Espíritu. Así, cuando la Sagrada Familia entró en el templo, Simeón pudo notar su presencia y comprender el hecho de que Jesús, su Niño, era Aquel por Quien había orado.

Al ser personas de oración, también nosotros estamos dispuestos a las inspiraciones del Espíritu.

ORACIÓN. *Señor, mis ojos han visto la salvación que has preparado a la vista de todas las naciones.*

ABLAMOS de estas cosas no con palabras enseñadas por sabiduría humana sino por el Espíritu, de modo que expresamos cosas espirituales en términos espirituales. —1 Cor 2:13

SEPT. 7

REFLEXIÓN. La ciencia y otras formas de conocimiento humano sólo pueden llevarnos hasta cierto punto cuando hablamos de cosas espirituales. Los caminos de Dios son misteriosos y trascienden nuestro entendimiento.

A través de la revelación, tenemos palabras y conceptos espirituales que pueden guiarnos en la dirección correcta para explorar los misterios de nuestra fe.

ORACIÓN. *Que mis pensamientos sean espirituales, Espíritu Santo de Dios, y no empantanados en lo mundano.*

A TESTIMONIO de Tus obras de antaño, y cumple las profecías hechas en Tu nombre. —Sir 36:14

SEPT. 8

REFLEXIÓN. El Espíritu Santo inspiró a los Profetas a hablar en nombre de Dios. El mismo Espíritu Santo actúa también en nuestra historia (del pueblo de Dios y de nuestra propia vida) para que estas profecías se cumplan.

Esto nos recuerda que Dios tiene un plan para nosotros: que seamos salvos y vivamos en Su amor por toda la eternidad.

ORACIÓN. *Que yo esté tan dispuesto a aceptar Tu plan, oh Espíritu de Dios, como lo estuvo la Santísima Virgen María.*

L ESPÍRITU del Señor está sobre mí porque me ungió… para anunciar a los cautivos libertad. —Is 61:1

SEPT. 9

REFLEXIÓN. El Espíritu llevó a San Pedro Claver a servir a los esclavos traídos de África al Nuevo Mundo. A diferencia de la mayoría de los que trataron con ellos, Pedro los trató con amor y compasión.

¿Trato a todos los que encuentro con respeto sagrado?

ORACIÓN. *Ayúdame a verte, oh Dios, en el rostro de los que sufren.*

¿

ECIBISTE el Espíritu por obedecer la Ley o por creer lo que escuchaste? —Ga 3:2

SEPT. 10

REFLEXIÓN. Nuestra fe es un regalo de Dios a través del Espíritu Santo y no algo que ganamos.

Cuando hacemos buenas obras, Dios no nos ama más. Lo que cambia es que somos más capaces de aceptar este don gratuito del amor con el que Dios ya nos ama.

ORACIÓN. *Oh Bondadoso Don de Dios, lléname de gratitud por la increíble generosidad que me has mostrado.*

ORQUE si los gentiles han participado de sus bienes espirituales, están en deuda con ellos para servirles con las bendiciones materiales. —Ro 15:27

SEPT. 11

REFLEXIÓN. Nuestra fe tiene dos dimensiones: vertical y horizontal. La dimensión vertical consiste en nuestra relación con Dios. Somos verdaderamente bendecidos cuando Dios es parte de nuestras vidas. Pero nuestra fe también tiene una dimensión horizontal: la disponibilidad para servir a los demás.

Dios nos ha bendecido para que podamos compartir nuestra abundancia con los necesitados.

ORACIÓN. *Que Te ame, Dios, y ame a mi prójimo como a mí mismo.*

L ESPÍRITU lo escrudiña todo, aun las profundidades de Dios. —1 Cor 2:10

SEPT. 12

REFLEXIÓN. Ya que el Espíritu Santo es totalmente espiritual, Él conoce los misterios muy profundos de Dios y puede revelarnos estos misterios.

San Pablo compara esto con nuestra alma que conoce nuestra dimensión más profunda.

ORACIÓN. *Espíritu de Dios, revélame los misterios de Tu ser.*

N LA sabiduría hay un espíritu *claro*, que es inmaculado y seguro. . . —Sb 7:22

SEPT. 13

REFLEXIÓN. Al discernir la voluntad de Dios en nuestras vidas, a menudo nos damos cuenta de que hay motivos contradictorios en nuestros corazones. El Espíritu Santo, por otro lado, tiene un solo motivo transparente: llevarnos a Dios.

Cuanto más permitamos que el Espíritu aclare los motivos de nuestro corazón, más capaces seremos de responder generosamente al llamado de Dios.

ORACIÓN. *Escrudiña mi corazón, Espíritu Santo, y aclara cualquier cosa que esté complicada y confusa.*

L ANHELO de la carne termina en muerte; pero el anhelo del Espíritu, en vida y paz. —Ro 8:6

SEPT. 14

REFLEXIÓN. Sólo podemos encontrar la paz cuando estamos dispuestos a desarraigar de nuestra vida lo que se ha convertido en una distracción: nuestras pasiones, bienes materiales, etc.

No podemos esperar vivir plenamente antes de estar dispuestos a morir a nosotros mismos para que podamos vivir en Cristo.

ORACIÓN. *Espíritu Santificador de Dios, enséñame a controlar los deseos de mi carne.*

L ESPÍRITU del Señor está sobre mí porque me ungió... para consolar a todos los que lloran. —Is 61:1-2

SEPT. 15

REFLEXIÓN. La Santísima Virgen María compartió los sufrimientos de su Hijo, así como todo padre amoroso experimenta el dolor de sus hijos.

El Espíritu Santo brinda consuelo a todos los que lloran. El Espíritu es la fuente de nuestra esperanza de que en el futuro el amor vencerá la muerte, el dolor, y el pecado.

ORACIÓN. *Oh Señora de los Dolores, ruega por nosotros.*

L QUE venza... Yo le daré autoridad sobre las naciones... como Yo también la he recibido de Mi Padre. —Ap 2:26-27

SEPT. 16

REFLEXIÓN. Somos vencedores si morimos con Cristo para que podamos vivir con Él.

Aunque negarse a nosotros mismos puede sonar como si estuviéramos "perdiendo," en realidad conquistamos las fuerzas del odio y de la división al elegir amar hasta la muerte.

ORACIÓN. *Enséñame, oh Espíritu de Dios, a evaluar mi éxito no por cuánto adquiero sino por cuánto he amado.*

ORARÉ con el espíritu, pero oraré también con el entendimiento.

—1 Cor 14:15

SEPT. 17

REFLEXIÓN. La comunidad de Corinto pensó que hablar en lenguas era el don más importante porque consistía en permitir al Espíritu que tomara posesión de la conciencia. Pablo argumenta que enseñar de una manera inteligible es más importante porque ayuda a edificar la comunidad.

¿Son mis oraciones expresiones de mi intelecto, mis emociones, mis esperanzas, e incluso mis miedos?

ORACIÓN. *Que yo ore en cuerpo, alma, y espíritu.*

CUANDO Él (el Paráclito) venga, convencerá al mundo de pecado, de justicia, y de juicio. —Jn 16:8

SEPT. 18

REFLEXIÓN.El Espíritu no ha venido al mundo sólo para ofrecer consuelo. También ha venido para avisarnos cuando hemos elegido el camino equivocado. Podemos fácilmente racionalizar nuestras acciones y engañarnos a nosotros mismos con respecto a lo que hacemos.

El Espíritu nos ayuda a resolver nuestros autoengaños y a escoger el camino correcto.

ORACIÓN. *Oh Espíritu de la Verdad, desafíame y corrígeme siempre acercarme a Ti.*

ERO si por el Espíritu dan muerte a las obras del cuerpo, vivirán. —Ro 8:13

SEPT. 19

REFLEXIÓN. Comunicamos lo que realmente somos por la forma en que vivimos nuestras vidas. Si nos preocupamos por nuestra comodidad y diversión, seremos superficiales. Si la ira y el resentimiento nos consumen, los demás se darán cuenta.

Pero si nos dedicamos a la oración, al estudio, y a la compasión, los demás entenderán que estamos unidos a Dios.

ORACIÓN. *Señor, que yo sólo y siempre viva para y en Tu Espíritu.*

A IGLESIA gozaba de paz por toda Judea, Galilea, y Samaria, y se edificaba y andaba en el temor del Señor. —He 9:31

SEPT. 20

REFLEXIÓN. Es tan fácil sentirse responsable de la vida espiritual de los demás, como si pudiéramos controlar lo que piensan nuestros cónyuges, hijos, o amigos. Debemos acordarnos de que es el Espíritu Santo Quien da el don de la fe y hace crecer este don en el corazón de las personas.

Dios obra en Su tiempo y no en el nuestro.

ORACIÓN. *Autor de Todo Bien, concede que yo y mi familia nos fortalezcamos en nuestra fe.*

L QUE venza... escribiré sobre él el nombre de Mi Dios, y el nombre de la ciudad de Mi Dios. —Ap 3:12-13

SEPT. 21

REFLEXIÓN. En el pensamiento judío, los nombres son muy importantes. Hacen más que identificar a la persona. De cierta manera dan poder y autoridad sobre esta persona.

Si el nombre de Dios y el nombre de la ciudad santa están escritos sobre nosotros, se nos ha dado una nueva identidad. Nos convertimos en el templo en el que el Señor mora. Nos convertimos en tierra santa.

ORACIÓN. *Espíritu de Dios, graba Tu nombre en mi corazón.*

UANDO sus transgresiones se aumentaron... apareció, como un fuego, el Profeta [Elías], cuyas palabras quemaban como antorcha. —Sir 47:24-48:1

SEPT. 22

REFLEXIÓN. El Espíritu Santo está relacionado simbólicamente con el fuego. A veces, el fuego es positivo, p.ej., el fuego que alumbra el camino o calienta a los que tienen frío.

En el caso de Elías, fue un fuego castigador, quemando la impureza del pueblo de Israel. Ser contundente como Elías es a veces la respuesta adecuada a una situación que se ha vuelto incontrolable.

ORACIÓN. *Espíritu de Pureza, quema lo que es impuro en mi corazón.*

IENTRAS Pedro estaba todavía hablando, el Espíritu Santo descendió sobre todos los que escuchaban su mensaje. —He 10:44

SEPT. 23

REFLEXIÓN. San Pedro fue guiado en sus acciones por el Espíritu Santo. Necesitaba la guía del Espíritu para conducir a la Iglesia por el camino correcto.

A lo largo de los Hechos de los Apóstoles, leemos cómo el Espíritu guiaba las acciones de los discípulos, p.ej., cómo debían vivir, dónde debían predicar, etc.

ORACIÓN. *Espíritu Santo, gobierna a Tu Iglesia a través de Tus dones de sabiduría y amor.*

ESTITUYEME el gozo de a Tu salvación, y sostenme con un espíritu generoso. —Sl 51:14

SEPT. 24

REFLEXIÓN. A veces sabemos lo que debemos hacer, pero no tenemos el coraje para hacerlo. El Espíritu Santo nos da la fuerza para elegir el camino recto y seguirlo a pesar del costo.

Si bien no siempre podemos hacer lo correcto por nosotros mismos, Dios puede hacerlo en y por medio de nosotros.

ORACIÓN. *Espíritu de Dios, que yo siempre busque Tu ayuda.*

ANDA la sabiduría desde los cielos santos y envíala de Tu trono glorioso.
—Sb 9:10a

SEPT. 25

REFLEXIÓN. En los tiempos del Antiguo Testamento, la gente comenzó a hablar de Dios como si viviera en el otro extremo del universo y no tuviera nada que ver con nosotros. Pero Dios derrama Su Espíritu de sabiduría sobre nosotros para que podamos conocerlo y amarlo.

Aunque Dios está lleno de misterio, no está oculto porque Se nos ha revelado.

ORACIÓN. *Espíritu de Dios, dame a conocer Quién eres y Qué quieres de mí.*

UGE el león—¿quién no temerá. Habla el Señor Dios— ¿quién no profetizará?
—Am 3:8

SEPT. 26

REFLEXIÓN. Amós no era un profeta profesional. Pero cuando el Espíritu lo llamó, descubrió que no podía rechazar su vocación. Fue algo automático como la respuesta del susto al encontrar un león rugiente.

Cuando el Espíritu nos habla, casi no tenemos elección. Si queremos ser auténticos, gente de la verdad, tenemos que obedecer.

ORACIÓN. *Espíritu de Dios, ruge Tu verdad en mis oídos y en mi corazón.*

O HEMOS recibido el espíritu del mundo sino el Espíritu Que proviene de Dios, para que conozcamos los dones que Dios nos ha otorgado. —1 Cor 2:12

SEPT. 27

REFLEXIÓN. El Espíritu del mundo ofrece respuestas fáciles y cómodas a nuestras dificultades. El Espíritu de Dios nos desafía a ser como Dios: generosos, misericordiosos, bondadosos, virtuosos, etc.

Los que viven según los valores del mundo no entenderán estas cosas, pero las personas espirituales sí.

ORACIÓN. *Espíritu generoso de Dios, arranca de mi corazón todo lo mundano e lo indigno de la gracia.*

L [EL Espíritu] Me glorificará, porque tomará de lo Mío y se lo dará a conocer a ustedes. —Jn 16:14

SEPT. 28

REFLEXIÓN. Cuando hablamos de cómo interactúan las personas de la Trinidad, el Padre, el Hijo, y el Espíritu Santo, vemos enorme generosidad, servicio, y amor. Ninguno de Ellos trata de aferrarse a Su gloria. Su único deseo es compartirla con los demás.

Su objetivo no es poseer, sino dar y servir.

ORACIÓN. *Espíritu Santo, enséñame la generosidad de la Trinidad para que pueda darme a Ti y a mi prójimo.*

UEGO el Ángel me mostró el río de agua de vida, resplandeciente como cristal, que fluía del trono de Dios y del Cordero. . .

—Ap 22:1

SEPT. 29

REFLEXIÓN. El río de agua es la gracia de Dios dada a nosotros por el Espíritu Santo. Los Ángeles intentan llevarnos a esta gracia enseñándonos a someter nuestra voluntad a la de Dios.

Al pensar a los Ángeles, imaginamos que son seres lindos y mansos. También son mensajeros poderosos que nos llaman a adorar a nuestro Dios y a servir a nuestro prójimo.

ORACIÓN. *Ángel de Dios, Espíritu protector de Dios, guía mi alma hacia Tu vida y Tu verdad.*

ODA Escritura es inspirada por Dios y útil para enseñar, para reprender, para corregir, para instruir en justicia...

—2 Tim 3:16

SEPT. 30

REFLEXIÓN. El Espíritu Santo inspiró a los autores de los libros de la Biblia, uniendo el soplo divino con sus talentos humanos, produciendo así la Palabra viva de Dios.

Invocamos al Espíritu Santo para que inspire nuestra lectura y estudio de las Sagradas Escrituras a fin de que nosotros también encontremos la palabra viva de Dios.

ORACIÓN. *Espíritu Santo, inspira mis esfuerzos mientras leo y medito en las Sagradas Escrituras.*

UE el Dios de la esperanza los colme de todo gozo y paz en el creer, para que rebosen de esperanza por el poder del Espíritu Santo. —Ro 15:13

OCT. 1

REFLEXIÓN. El Espíritu de Dios le dio a Santa Teresa una sencillez infantil que encuentra resonancia en el corazón de muchos.

Sin embargo, se la considera una Doctora de la Iglesia porque sus ideas sencillas son en realidad poderosamente profundas. Ella enseñó que muy pocos de nosotros haremos grandes cosas, pero todos podemos hacer cosas pequeñas con gran amor.

ORACIÓN. *Santa Teresa, enséñame a hacer las cosas pequeñas con gran amor.*

L ENVIAR Tu Espíritu, son creados y renuevas la faz de la tierra. —Sl 104:30

OCT. 2

REFLEXIÓN. Dios creó al mundo por la acción de Su Espíritu. Dios puede recrearlo a Su imagen por medio de Su Espíritu.

Oramos para que el Espíritu de Dios nos ayude a transformar a este mundo en el Reino de Dios, un lugar donde todos los bienes creados nos lleven a la santidad y no a la tentación.

ORACIÓN. *Oh Dios, sopla Tu Espíritu sobre nosotros y el mundo, y renuévanos a Tu imagen.*

N ÉPOCAS anteriores, Dios habló a nuestros antepasados de muchas y diversas maneras por los Profetas. . . —Hb 1:1

OCT. 3

REFLEXIÓN. El Espíritu Santo nos habla como también habló por los profetas, pero nosotros a menudo malinterpretamos el mensaje según nuestros deseos y nuestras necesidades. Por eso Jesús tuvo que venir al mundo: para enseñarnos claramente Quién es Dios y qué quiere de nosotros.

Le pedimos al Espíritu que abra nuestros oídos y mentes al mensaje de Jesús.

ORACIÓN. *Oh Espíritu de Dios, habla al corazón y revela Tus verdades a mi mente.*

L FRUTO del Espíritu es . . . *paz,* paciencia, bondad, generosidad, fidelidad . . . —Ga 5:22

OCT. 4

REFLEXIÓN. Cuando nos entregamos a la voluntad de Dios, rebosemos de paz profunda porque confiamos en que Dios estará con nosotros pase lo que pase. El Espíritu nos enseña a cederle el control a Dios.

¿Soy una persona llena de paz?

ORACIÓN. *Señor, haz de mí un instrumento de Tu paz.*

ON tres los que testifican: el Espíritu, el agua, y la sangre, y estos tres son uno.
—1 Jn 5:7-8

OCT. 5

REFLEXIÓN. El Espíritu Santo da testimonio en nuestro corazón de la verdad del mensaje de Jesús. También tenemos prueba externa en el agua y la sangre. El agua representa el Sacramento del Bautismo. La sangre representa el Sacramento de la Eucaristía.

Así, nuestra fe se afirma tanto internamente como externamente.

ORACIÓN. *Que yo pueda escuchar y vivir en Tu verdad, tanto por dentro como por fuera.*

UANDO Se derrama el Espíritu sobre nosotros de lo alto. . . la rectitud habitará en el desierto y la justicia morará en el campo. **—Is 32:15-16**

OCT. 6

REFLEXIÓN. Al abrir nuestro corazón a la acción del Espíritu Santo, Él nos llena de la sabiduría y la justicia de Dios. Esto nos ayuda a vivir una buena vida: tratar a los demás con gran respeto, perdonar a los que nos han lastimado, darles un buen ejemplo, etc.

¿Cuáles de mis relaciones necesitan la sanidad del Espíritu?

ORACIÓN. *Sana mi corazón, Espíritu Santo, y repara las relaciones desgarradas que me preocupan.*

ERMANOS, les ruego por Nuestro Señor Jesucristo y por el amor del Espíritu, a que me ayuden con oraciones por mí a Dios. —Ro 15:30

OCT. 7

REFLEXIÓN. Cuando rezamos, unimos nuestro amor al de Dios, y este amor abraza a la persona por la que rezamos. Además, el amor siempre tiene un efecto porque nos sana espiritual y físicamente. Nos da perspicacia, coraje, y paz.

Al acompañar a otras personas con nuestras oraciones, les damos el regalo más precioso que jamás podríamos dar.

ORACIÓN. *Señor, Te ruego hoy por . . . . Dale sanidad y consuelo.*

I USTEDES saben dar buenas dádivas a sus hijos, ¡cuánto más su Padre celestial dará el Espíritu Santo a los que Se Lo pidan! —Lc 11:13

OCT. 8

REFLEXIÓN. Dios Padre quiere darnos el don del Espíritu Santo. Él quiere que participemos de Su vida eterna. Pero nuestro corazón tiene que estar dispuesto a recibir este regalo.

Dios no nos obligará a aceptar Su amor. Él sólo ofrecerá Su amor, con la esperanza de que aceptemos lo que Él ofrece.

ORACIÓN. *Espíritu Santo, abre la puerta de mi corazón para recibirte.*

STA misma unción les enseña todas las cosas, y es verdadera y no falsa; por tanto, permanezcan en Él, así como les enseñó.

—1 Jn 2:27b

OCT. 9

REFLEXIÓN. ¿Cómo decidimos lo que es verdadero o falso? En definitiva, la verdad no depende de nuestros deseos o de lo que piense la mayoría de la gente. La verdad no es relativa ni está sujeta a cambios.

No hay falsedad ni ambigüedad en el Espíritu de Dios (ya sea la verdad moral o la verdad teológica o las verdades más profundas del amor y de la virtud).

ORACIÓN. *Enséñame Tu verdad, oh Espíritu de Dios, y guía mis acciones.*

O QUE nace de la carne es carne; lo que nace del Espíritu es espíritu. **—Jn 3:6**

OCT. 10

REFLEXIÓN. Como es típico del Evangelio de Juan, esta declaración muestra un fuerte dualismo. Se nos ofrece elegir entre la carne y el espíritu, la muerte y la vida, la oscuridad y la luz, la falsa enseñanza y la verdad.

Si elegimos vivir en el Espíritu, debemos rechazar las cosas de la carne, aquellas cosas que nos degradan.

ORACIÓN. *Concédeme que pueda nacer de nuevo en Tu Espíritu, Señor.*

N SU mano está el alma de todo ser viviente y el hálito de todo el género humano. —Job 12:10

OCT. 11

REFLEXIÓN. Job nos recuerda cuán frágil es la vida humana. Dios nos creó al soplar Su Espíritu en un terrón de lodo. Así se convirtió Adán en una persona viva. Si Dios quita Su aliento, volvemos al polvo.

Este hecho no debería llenarnos de pavor. Debería engendrar gratitud porque Dios sigue propiciándonos la existencia.

ORACIÓN. *Te agradezco por el don de la vida, oh Señor. Concédeme usar bien cada momento que me has dado.*

E DELEITARÁ en el temor del Señor [piedad]. —Is 11:3

OCT. 12

REFLEXIÓN. Este es uno de los siete dones del Espíritu Santo. Los dones sexto y séptimo se denominan "temor del Señor," pero son traducido "piedad" en la versión griega.

Cuando estamos en presencia de lo sagrado, debemos tener un espíritu de reverencia o respeto por lo sagrado.

ORACIÓN. *Concédeme ser como un niño en mi asombro y estupor, oh Espíritu Santo, ante los misterios de Tu amor.*

¿ASTA cuándo, oh simples, amarán la simpleza, y hasta cuándo rechazarán mi reprensión? —Pr 1:22-23

OCT. 13

REFLEXIÓN. A veces el Espíritu Santo nos consuela, pero en otras ocasiones el Espíritu nos interpela. Éste es el verdadero amor, porque no se permite que aquellos a quienes se ama continúen en su error sin corregirlos.

Los demás no siempre aceptarán nuestros reproches, pero el Espíritu nos impulsa a hablarles con franqueza.

ORACIÓN. *Dame el valor, Espíritu Santo, para que yo hable con franqueza a los que se han extraviado.*

UEGO me hizo volver a la entrada del templo, y allí vi agua saliendo de debajo del umbral del templo. —Ez 47:1

OCT. 14

REFLEXIÓN. El profeta Ezequiel habla del río de gracia que va a fluir del culto de Israel en el templo.

En el Nuevo Testamento, se entiende que ese río de gracia es el don del Espíritu, porque el Espíritu nos llama a adorar a Dios y convierte nuestra adoración en una fuente de gracia y bendición.

ORACIÓN. *Oh Dios, que mis oraciones y actos de adoración sean auténticos y sinceros.*

EL hombre es hacer planes en el corazón; del Señor es poner la respuesta en la lengua. —Pr 16:1

OCT. 15

REFLEXIÓN. Santa Teresa reconoció que el Espíritu guiaba su vida. Una vez preguntó, "¿Cómo haces reír a Dios?" Ella misma contestó, diciendo, "¡Cuéntale tus planes!"

Al estar abiertos al Espíritu, podemos discernir lo que Dios quiere de nosotros y aceptarlo con entusiasmo.

ORACIÓN. *Oh Señor, que Tu voluntad sea también siempre la mía.*

ERRAMARÉ Mí Espíritu sobre toda carne… tendrán visiones los jóvenes. —Jl 3:1

OCT. 16

REFLEXIÓN. A Santa Margarita María se le dio el entendimiento profundo del amor de Dios a través de sus visiones del Sagrado Corazón.

Es el Espíritu de Dios Quien nos permite experimentar que el amor al Espíritu es el amor de Dios que habita en nuestros corazones.

ORACIÓN. *Enséñame Tus lecciones de amor, oh Espíritu de Dios, porque por mi mismo ni siquiera puedo entender lo que realmente es el amor.*

BLIGADO por el Espíritu, voy a Jerusalén . . . Por todas las ciudades, el Espíritu Santo me da testimonio de que me esperan prisiones y sufrimientos. **—He 20:22-23**

OCT. 17

REFLEXIÓN. A menudo, el Espíritu Santo nos desafía a tomar nuestras cruces y seguir a Jesús. Debemos reconocer que a veces todo se pone difícil y aceptarlo.

San Ignacio fue asesinado por la fe en Roma, pero al dar su vida, dio un poderoso testimonio de amor y fe.

ORACIÓN. *Señor, que mi vida sea el trigo que mueles para formar la hostia de Tu presencia en el mundo.*

L DESENROLLAR el libro, encontró el lugar donde está escrito, "El Espíritu del Señor está sobre Mí. . ." **—Lc 4:17-18**

OCT. 18

REFLEXIÓN. Lucas, impulsado por el Espíritu, relata que Jesús se acercó de manera especial a los *anawim*, los pobres del Señor.

Son las personas que están quebrantadas y que por lo tanto reconocen que necesitan que Dios sea parte de sus vidas.

ORACIÓN. *Oh Señor, que Tu Espíritu me inspire a servir a Tus pequeños.*

ESÚS vino y proclamó la paz a ustedes que estaban lejos y la paz a los que estaban cerca. Pues por medio de él tenemos acceso al Padre por un mismo Espíritu.

—Ef 2:17-18

OCT. 19

REFLEXIÓN. Es el Espíritu de Dios Quien repara las divisiones entre nosotros. Vemos esto en la historia de San Isaac Jogues, quien estuvo dispuesto a morir por amor a los indígenas americanos.

Si vivimos en el Espíritu, no podemos tratar a nadie como si fuera nuestro enemigo porque el Espíritu de Dios mora en el corazón de todos.

ORACIÓN. *Espíritu de unidad y de paz, llévanos a una sola Iglesia unida por Tu amor.*

OMÉTANLO todo a prueba, retengan lo bueno. Apártense de toda clase de mal.

— 1 Te 5:21-22

OCT. 20

REFLEXIÓN. No podemos asumir que todo lo que escuchamos proviene de Dios. Algunos fenómenos espirituales, por ejemplo, la capacidad de curar, un comportamiento "santo," etc., pueden ser una mera apariencia o pueden ser producidos por fuerzas que no son de Dios.

Debemos someter a prueba todas las cosas y aceptar lo que viene de Dios mientras rechazamos lo que viene del maligno.

ORACIÓN. *Espíritu Santo, haz que no me confundan las apariencias. Ayúdame a discernir claramente lo que viene de Ti.*

PAFRAS, nuestro consiervo y fiel ministro de Cristo para el bien de ustedes. Fue él quien nos contó del amor que ustedes tienen en el Espíritu. —Col 1:7-8

OCT. 21

REFLEXIÓN. Se puede discernir si alguien es un verdadero cristiano por su aceptación de la verdad y su disposición a vivir en amor.

Afirmar la verdad es un asentimiento intelectual a nuestras creencias. Vivir en el amor es la respuesta emotiva a nuestra fe. Estos no son sólo "sentimientos," porque en última instancia son elecciones que hacemos en el Señor.

ORACIÓN. *Oh Señor, que yo elija vivir en Ti y en Tu amor.*

PORQUE ustedes son hijos, Dios ha enviado el Espíritu de Su Hijo a nuestros corazones, clamando, "¡Abba! ¡Padre!" —Ga 4:6

OCT. 22

REFLEXIÓN. Por nuestra cuenta, no nos atreveríamos a suponer que Dios nos ama tan profundamente como un padre ama a sus hijos. Pero hay algo en nuestro corazón que anhela tal relación.

Es el Espíritu de Dios Quien nos dice que debemos anhelarla porque es el Espíritu Quien la realiza.

ORACIÓN. *Que siempre yo crea en la revelación del Espíritu de que Dios es Abba.*

I HAY quien ame la justicia, las virtudes son fruto de sus esfuerzos. —Sb 8:7a

OCT. 23

REFLEXIÓN. La justicia y la rectitud son los productos de una vida arraigada en la virtud. No es suficiente obedecer las leyes. Debemos interiorizar nuestros valores para que sean testificados por las virtudes que practicamos.

El Espíritu nos revela las virtudes que necesitamos y nos da la capacidad de adquirirlas.

ORACIÓN. *Colma mi vida de virtud, Espíritu Santo, para que mi testimonio sea auténtico y puro.*

ICEN que el Profeta es necio y el hombre de espíritu es loco. Porque tan grande es tu pecado, tan intensa también es tu hostilidad. —Os 9:7

OCT. 24

REFLEXIÓN. A veces nos ponemos a la defensiva y nos enojamos cuando las personas señalan nuestras fallas. Sin embargo, si queremos crecer en el Señor, debemos encontrar la verdad en lo que dicen (aunque la forma en que lo dicen es ofensiva).

Los que son verdaderamente espirituales nunca tienen miedo de crecer.

ORACIÓN. *Corrígeme, oh Espíritu Santo, a través de las palabras de los demás y a través de Tus revelaciones en mi corazón.*

STEDES fueron santificados, fueron justificados en el nombre del Señor Jesucristo y en el Espíritu de Dios.

—1 Cor 6:11

OCT.
25

REFLEXIÓN. Ser justificado significa vivir en paz con Dios. Esta paz la encontramos viviendo en la fe, confiando en el amor que Jesús expresó por nosotros en la cruz.

Ser santificado significa ser apartado por el Espíritu para que podamos servir a Dios.

ORACIÓN. *Apártame para que yo haga Tu voluntad, oh Espíritu de Dios, y concédeme vivir siempre en Tu paz.*

I EL Espíritu de Aquel Que resucitó de entre los muertos a Jesús mora en ustedes, el Que resucitó de entre los muertos a Cristo vivificará también sus cuerpos mortales. . . —Ro 8:11

OCT.
26

REFLEXIÓN. Nuestros cuerpos mortales están destinados a morir; sin embargo, el Espíritu resucitó el cuerpo mortal de Jesús de entre los muertos. San Pablo promete que el mismo Espíritu resucitará nuestros cuerpos de entre los muertos.

Tendremos un cuerpo glorificado que ya no experimentará las limitaciones de los cuerpos que ahora tenemos.

ORACIÓN. *Espíritu vivificante de Dios, que yo esté tan lleno de Tu vida que cuando muera, viviré contigo.*

A SABIDURÍA es la imagen de la bondad de Dios, y ella, que es una, todo lo puede. . . —Sb 7:26-27

OCT. 27

REFLEXIÓN. Cuando el Espíritu nos otorga el don de la sabiduría, somos capaces de comprender lo que es verdaderamente bueno y lo que meramente parece ser bueno.

Este discernimiento nos da la libertad de elegir lo que es correcto y justo en nuestra vida cotidiana con la certeza de que no nos engañamos.

ORACIÓN. *Espíritu de Sabiduría, aclara mis intenciones y purifica mis pensamientos.*

L ESPÍRITU de verdad que procede del Padre, Él dará testimonio de Mí. —Jn 15:27

OCT. 28

REFLEXIÓN. Somos colaboradores de Dios. El Espíritu Santo da testimonio de nuestra fe en nuestro corazón, pero el Espíritu también actúa a través del testimonio que damos en nuestras acciones.

Ésta es una dignidad increíble, compartir la misión del Espíritu Santo de anunciar la Buena Nueva.

ORACIÓN. *Espíritu de Verdad, que pueda dar testimonio de la Buena Nueva en mi vida.*

L NOS dota con el conocimiento para que Lo alabemos por Sus maravillas. —Sir 38:6

OCT. 29

REFLEXIÓN. El Espíritu Santo nos enseña que el mundo que nos rodea fue creado por Dios. Podemos ver las huellas dactilares de Dios en cada belleza que se encuentra en la naturaleza.

Alabamos al Señor por Su majestad y maravillas.

ORACIÓN. *Alabado seas, Dios de la creación, por las maravillas de Tu amor.*

N LA sabiduría se encuentra un espíritu que no es *nefasto*. —Sb 7:22

OCT. 30

REFLEXIÓN. Ser una perdición es ser venenoso o peligroso, ser dañino para los demás. El Espíritu Santo es exactamente lo contrario de esto. El Espíritu nos sana y nos consuela y nos llama a realizar nuestro mayor potencial.

El Espíritu quiere sólo lo que es bueno para nosotros, aun cuando a veces nos llama a la Cruz.

ORACIÓN. *Espíritu de Sabiduría, enséñame lo que es verdaderamente bueno para mí.*

L SEÑOR Se le apareció a Abraham en el encinar de Mamre . . . Miró, y he aquí, tres hombres estaban parados frente a él.

—Gn 18:1-2

OCT. 31

REFLEXIÓN. En Génesis, los tres visitantes eran Dios y dos Ángeles (los mismos Ángeles que luego juzgaron a Sodoma y Gomorra).

A la luz del Nuevo Testamento, nos damos cuenta de que también son símbolos de la Santísima Trinidad: el Padre, el Hijo, y el Espíritu Santo. Aunque no sabríamos acerca de la Trinidad hasta que Jesús la revelara, ya Se revelaba en misterio en los tiempos del Antiguo Testamento.

ORACIÓN. *Gloria al Padre, y al Hijo, y al Espíritu Santo. . .*

UERON marcados con el sello del Espíritu Santo que había sido prometido. Este Espíritu es las arras de nuestra herencia. . .

—Ef 1:13-14

NOV. 1

REFLEXIÓN. Dios nos ha prometido que, si permanecemos fieles, compartiremos Su amor para siempre. Pero no tenemos que esperar nuestra llegada al cielo para vivir en este amor.

Ya experimentamos este amor aquí en esta tierra por el Espíritu, y veremos el cumplimiento de este amor en el cielo.

ORACIÓN. *Séllame con el Espíritu de Tu amor, oh Dios, para que pueda unirme a Ti.*

SI dice el Señor Dios a los huesos, "Miren, voy a infundirles Mi Espíritu, y ustedes volverán a vivir." —Ez 37:5

NOV. 2

REFLEXIÓN. Así como el Espíritu de Dios descendió sobre un campo de huesos secos en los días de Ezequiel, así también el Espíritu Santo será insuflado en nosotros para resucitarnos de entre los muertos en el día del Señor.

Dios no nos ha destinado a la muerte sino a la vida eterna.

ORACIÓN. *Concédeles el descanso eterno, oh Señor...*

EL fruto del Espíritu es . . . *mansedumbre* y dominio propio. —Ga 5:22-23

NOV. 3

REFLEXIÓN. La acción del Espíritu conduce a la paz y a la mansedumbre.

Cuando vemos a otras personas pecar, esto debería provocar compasión en nosotros, no condenación. Si vemos personas necesitadas, debemos responder a sus necesidades con la amabilidad de un padre amoroso.

ORACIÓN. *Oh Espíritu Santo, dame el don de ser humilde y manso como Jesús, el Cordero de Dios.*

YO DERRAMARÉ Mi Espíritu sobre tu posteridad, y Mis bendiciones sobre tus descendientes. —Is 44:3b

NOV. 4

REFLEXIÓN. Cuando vivimos en el Espíritu, Dios derrama sus bendiciones sobre nosotros y todos los que nos rodean. La gente se da cuenta del cambio en nosotros y la paz profunda que hemos encontrado. Querrán saber nuestro secreto.

Además, podremos amar a los demás de una manera pura y santa.

ORACIÓN. *Haz de mí un instrumento de sanación para todos los que me rodean.*

"SI," DICE el Espíritu, "ellos descansarán de sus trabajos, pues sus obras los acompañan." —Ap 14:13

NOV. 5

REFLEXIÓN. Nuestra recompensa celestial es un regalo gratuito de Dios. Jesús pagó el precio por nuestros pecados.

Sin embargo, Dios espera que hagamos lo que sólo nosotros podemos hacer. Tenemos que responder al regalo amoroso de Dios con nuestras buenas obras. Lo que hagamos en la tierra afectará nuestra vida después de la muerte en el cielo.

ORACIÓN. *Que yo pueda trabajar como si todo dependiera de mí, recordando que todo depende de Ti.*

NTONCES dijo el Señor, "No permanecerá Mi Espíritu en el hombre para siempre, porque no es más que carne." —Gn 6:3

NOV. 6

REFLEXIÓN. Dios creó a Adán al soplar Su Espíritu en un trozo de arcilla. Pero el pecado de Adán casi sofocó este Espíritu, y nuestra vida se volvió limitada.

Cuando Jesús resucitó de entre los muertos, insufló Su Espíritu en Sus discípulos, dándonos el don de la vida que ni siquiera la muerte puede conquistar: la vida eterna.

ORACIÓN. *Nunca Te apartes de mí, Espíritu de Dios, porque deseo sólo vivir en Ti.*

ABIÉNDOLES impuesto Pablo las manos, vino sobre ellos el Espíritu Santo; y hablaban en lenguas y profetizaban. —He 19:6

NOV. 7

REFLEXIÓN. Cuando vivimos en el Espíritu Santo, nuestros varios idiomas y la variedad de nuestras perspectivas no nos dividirán.

Empezamos a ver estas diferencias como una riqueza, porque nos recuerda que Dios nos revela la verdad de muchas maneras.

ORACIÓN. *Espíritu de Dios, háblame a través de las diferentes formas de expresión que encuentro cada día.*

EL DESEO de la carne es contra el Espíritu, y el del Espíritu es contra la carne. —Ga 5:17

NOV. 8

REFLEXIÓN. Podemos fácilmente desviarnos si seguimos los deseos y placeres. El mundo material, en sí mismo, es bueno porque Dios lo creó bueno. Sin embargo, debido al pecado, es muy fácil abusar de él.

Por eso debemos usar las cosas de este mundo con cuidado.

ORACIÓN. *Dame la perspectiva correcta, Espíritu Santo, para que pueda usar las cosas buenas de este mundo para el bien.*

NI MI mensaje ni mi proclamación fueron con palabras persuasivas de sabiduría, sino con demostración del Espíritu y de poder. —1 Cor 2:4

NOV. 9

REFLEXIÓN. Pablo había tratado de predicar con sabiduría terrenal cuando habló con los filósofos en Atenas. Eso fracasó, por lo que resolvió predicar sólo con una sabiduría celestial, la sabiduría de la Cruz.

Si bien esta sabiduría no tiene sentido en términos terrenales, sí lo tiene en términos espirituales.

ORACIÓN. *Que yo adopte la sabiduría de la Cruz, Espíritu de Dios, y viva con alegría su misterio.*

Ú PERDONAS a todos, porque Tuyos son, Soberano Que amas las almas, porque Tu Espíritu incorruptible está en todos ellos. —Sb 11:26–12:1

NOV. 10

REFLEXIÓN. Cuando Dios creó al primer ser humano, Él sopló Su Espíritu en nosotros. Hay un poco del Espíritu de Dios dentro de cada uno de nuestros corazones. Por tanto, Dios ve algo de Sí mismo cuando nos mira.

Dios nos llama a vernos a nosotros mismos y a los demás como Él ve a todos.

ORACIÓN. *Que siempre me acuerde, Señor, que fui creado a Tu imagen y semejanza.*

OMEN el yelmo de la salvación, y la espada del Espíritu, que es la palabra de Dios. —Ef 6:17

NOV. 11

REFLEXIÓN. Cuando era joven, San Martín de Tours se dedicó al servicio militar. Al escuchar el llamado de Cristo, se dio cuenta de que su vocación era luchar espiritualmente. Su armadura y sus armas eran la virtud y una vida guiada por el Espíritu de Dios.

¿Considero mi vida espiritual como una especie de batalla contra las fuerzas del mal?

ORACIÓN. *Ármame con la armadura de la virtud, Espíritu de Dios, Tus armas de fe, esperanza, y caridad.*

UANDO Balaam alzó sus ojos y vio a Israel acampado ... vino sobre él el Espíritu del Señor. —Nm 24:2

NOV. 12

REFLEXIÓN. Balaam había sido invitado por los moabitas a maldecir a Israel. El Espíritu Santo descendió sobre él y lo impulsó a bendecir a Israel y a maldecir a Moab.

El Espíritu Santo no permitió que Balaam mintiera porque el Espíritu Santo es un Espíritu de verdad.

ORACIÓN. *Guíame, Espíritu de los Profetas, en Tu verdad y guarda mi corazón del error.*

ORQUE sé que a través de las oraciones de ustedes y con la ayuda del Espíritu de Jesucristo, todo esto resultará en mi liberación. —Flp 1:19

NOV. 13

REFLEXIÓN. Aunque San Pablo estaba en prisión, confiaba en que las oraciones de los filipenses y la acción del Espíritu Santo serían eficaces y poderosas.

Esto no significa necesariamente que él esperaba ser liberado. Sin embargo, aunque muriera, esperaba morir en el Señor.

ORACIÓN. *Líbrame, Espíritu de Dios, de lo que me haría daño.*

STEDES son una carta de Cristo encomendada a nuestro cuidado, carta escrita no con tinta sino con el Espíritu del Dios vivo. . . —2 Cor 3:3

NOV. 14

REFLEXIÓN. Los documentos escritos son externos. Es posible que no reflejen lo que realmente sucede dentro de nosotros.

Las cosas escritas en nuestro corazón son aquellas que hemos interiorizado. Reflejan lo que pensamos y creemos y elegimos vivir cada día de nuestras vidas.

ORACIÓN. *Graba Tu verdad en lo profundo de mi corazón, oh Espíritu del Dios Vivo.*

N LA sabiduría hay un espíritu *inteligente* que es santo y único. . . —Sb 7:22

NOV. 15

REFLEXIÓN. A menudo se considera que la inteligencia es más un rasgo determinado genéticamente que un don espiritual. Sin embargo, Dios a menudo obra a través de circunstancias naturales para actuar.

¿No podría Dios obrar también a través de genes y cromosomas para colmarnos de dones y de predisposiciones hacia el bien?

ORACIÓN. *Espíritu de Dios, ayúdame a reconocer cómo Tú trabajas en nuestro mundo natural para efectuar Tu voluntad.*

IDO que el Dios de nuestro Señor Jesucristo, el Padre de la gloria, les dé espíritu de sabiduría y de revelación para conocerle. —Ef 1:17

NOV. 16

REFLEXIÓN. Es sólo en el Espíritu que podemos saber Quién es Dios y qué quiere Dios de nosotros.

Dios nos da Su revelación a través de la Biblia, a través de la Iglesia, a través de una voz en nuestro corazón que nos lleva a la verdad, y a través de otras personas que nos cuidan y nos aman.

ORACIÓN. *Espíritu Santo, ilumínanos con Tu revelación.*

STA es la palabra del Señor a Zorobabel, "No con ejército ni con fuerza, sino con mi Espíritu, dice el Señor de los ejércitos." —Za 4:6

NOV. 17

REFLEXIÓN. Israel no se renovó por la fuerza. Fue sólo por el Espíritu de Dios que el pueblo de Israel se convirtió en lo que Dios quería que fueran: un pueblo santo consagrado a Él.

Esto sigue siendo cierto hoy en día. El amor es más fuerte que el poder o la fuerza.

ORACIÓN. *Fortalece mi corazón, Autor de todo bien, y conságrame a Tu voluntad.*

OR esto el evangelio fue predicado aun a los muertos para que vivan... en el Espíritu según Dios. —1 Pe 4:6

NOV. 18

REFLEXIÓN. Cuando Jesús murió en la Cruz, descendió al averno (a veces llamado Hades o Infierno) donde invitó a ciertos muertos a vivir en la gloria de Dios en el cielo. Éstas eran las personas que no habían escuchado Su mensaje pero que habían vivido buenas vidas.

Él no los obligó a ir al cielo; Él sólo los invitó.

ORACIÓN. *Ruego por las almas del Purgatorio, oh Señor, y especialmente por mis seres queridos.*

RREPIÉNTASE y bautícese cada uno de ustedes ... y recibirán el don del Espíritu Santo. —He 2:38

NOV. 19

REFLEXIÓN. Desde el primer día de la Iglesia, el domingo de Pentecostés, hemos sido exhortados a alejarnos del pecado y recibir el don del Espíritu Santo.

Esto acontece en nuestro Bautismo, pero también se realiza cada vez que aceptamos la Buena Nueva.

ORACIÓN. *Renuevo mi compromiso contigo, Dios, y Te prometo mi vida y mi amor.*

UAN dio también este testimonio, diciendo, "Vi al Espíritu descender del cielo como paloma y posarse sobre Él. —Jn 1:32

NOV. 20

REFLEXIÓN. El Espíritu Santo Se aparece en forma de paloma porque la paloma en el Antiguo Testamento es el símbolo del amor.

En este Evangelio, el Espíritu permanece sobre Jesús porque Dios nunca va a abandonarlo, así como nunca va a abandonar a Su Iglesia hasta el final de los tiempos.

ORACIÓN. *Amable Paloma, Espíritu de Dios, quédate siempre con nosotros.*

N LA sabiduría hay un espíritu inmaculado y seguro ... —Sb 1:22

NOV. 21

REFLEXIÓN. El Espíritu de Dios es puro y santo y guardó a María del daño causado por el pecado y el egoísmo. Denominamos este privilegio el dogma de la Inmaculada Concepción.

El mismo Espíritu de pureza nos invita a entregar nuestro corazón al Señor para que también nosotros seamos purificados.

ORACIÓN. *Inmaculada Virgen María, ruega por nosotros.*

EAN llenos del Espíritu, cantando entre ustedes salmos, himnos, y cánticos espirituales. —Ef 5:18-19

NOV. 22

REFLEXIÓN. A muchos católicos no les gusta cantar en la liturgia. Sin embargo, cuando queremos celebrar, a menudo cantamos en voz alta, por ejemplo, canciones patrióticas, Feliz Cumpleaños, "golden oldies," etc.

Si estamos llenos del Espíritu de alegría y celebración, levantaremos nuestras voces en la Iglesia también.

ORACIÓN. *Canten al Señor; alaben Su nombre.*

SFUÉRCENSE por preservar la unidad del Espíritu mediante el vínculo de la paz. —Ef 4:3

NOV. 23

REFLEXIÓN. San Clemente, uno de los primeros papas, escribió a la comunidad de Corinto que pasaba por un período de conflicto y división. Los exhortó a perdonarse y aceptarse mutuamente.

Es el Espíritu Quien nos da la capacidad de vivir en la paz verdadera.

ORACIÓN. *Espíritu de Paz, concilia las discordias en nuestro mundo, y especialmente en mi familia y en mi propio corazón.*

OR el Espíritu Que mora en nosotros, guarda el tesoro que te ha sido encomendado. —2 Tim 1:14

NOV. 24

REFLEXIÓN. Aprendimos la fe por las instrucciones que recibimos de niños, por nuestro estudio de la doctrina católica, por nuestra oración y reflexión sobre la Palabra de Dios, etc. Dios nos invita a aferrarnos a este tesoro y rechazar las ideas falsas que ponen en peligro nuestra fe.

El Espíritu Santo nos da el coraje y la sabiduría para aceptar y preservar la verdad.

ORACIÓN. *Por el don de mi fe, oh Espíritu Santo, ni siquiera puedo comenzar a darte gracias.*

L ESPÍRITU de verdad, a Quien el mundo no puede aceptar porque no lo ve ni lo conoce ... —Jn 14:17

NOV. 25

REFLEXIÓN. La verdad de las Buenas Nuevas es algo que el mundo simplemente no puede entender. Si se intenta captarlo lógicamente, no tiene sentido.

Si, en cambio, estamos dispuestos a aceptar las contradicciones evangélicas de que hay que morir para vivir en Cristo, que el amor destruye el odio, que hay que rendirse para vencer, etc., entonces se comprenderá la lógica de la Cruz.

ORACIÓN. *Enséñame la verdad de la Cruz, oh Espíritu de Dios, y dame el valor para aceptar esta sabiduría.*

TODO aquel que diga alguna palabra contra el Hijo del Hombre será perdonado, pero el que blasfeme contra el Espíritu Santo no será perdonado.

—Lc 12:10

NOV. 26

REFLEXIÓN. Es por la acción del Espíritu Santo que nuestros pecados son perdonados.

El pecado contra el Espíritu Santo es creer que nuestros pecados son mayores que la misericordia de Dios (lo que nos impide aceptar la misericordia de Dios) o presumir de la misericordia de Dios (no buscar verdaderamente el perdón, sino sólo fingir).

ORACIÓN. *Soy un pecador, oh Espíritu Santo; derrama Tu misericordia y perdón sobre mí.*

DESPUÉS de tres días y medio, entró en ellos [los dos testigos] el Espíritu enviado por Dios. **—Ap 11:11**

NOV. 27

REFLEXIÓN. Jesús resucitó después de tres días; por eso, también los que mueren con Jesús resucitan al tercer día.

En este pasaje, vemos tres días y medio, porque la persecución al final de los tiempos durará tres períodos y medio. Aunque la persecución dura años, el tiempo de su vindicación llega en pocos días.

ORACIÓN. *Ven pronto, oh Espíritu vivificante, y defiende mi causa con Tu amor.*

UES nosotros, por obra del Espíritu y mediante la fe, esperamos con ansias la justicia. —Ga 5:5

NOV. 28

REFLEXIÓN. Una de las esperanzas de una vida llena de Dios es que nuestro amor siga creciendo hasta cumplirse en el cielo. Es el Espíritu Quien nos asegura que esta esperanza no es vana.

Dios promete que Él nos será fiel para siempre. De hecho, el don del Espíritu es el pago inicial de esta promesa.

ORACIÓN. *Don de Dios, llena mi corazón con Tu esperanza y confianza.*

O BORRARÉ su nombre [el del vencedor] del libro de la vida. —Ap 3:5b

NOV. 29

REFLEXIÓN. Nuestros nombres fueron escritos en el libro de la vida antes de la fundación del mundo. Dios nos creó para que pudiéramos compartir Su vida y Su amor para siempre.

Solo el pecado puede borrar nuestros nombres de ese libro porque el pecado es el rechazo de lo que Dios nos creó para ser.

ORACIÓN. *Que yo nunca haga nada que borre mi nombre del libro de la vida.*

OSOTROS somos testigos de estas cosas, y también lo es el Espíritu Santo, el Cual ha dado Dios a los que Lo obedecen. —He 5:32

NOV. 30

REFLEXIÓN. El Espíritu Santo da testimonio de las verdades de la fe al hablar en nuestros corazones para revelar y confirmar estas verdades y al darnos el valor para estar dispuestos a compartirlas con los demás.

¿Tengo el coraje de hablar abiertamente de mi fe?

ORACIÓN. *Dame el coraje, oh Espíritu de Verdad, para dar testimonio de la Buena Nueva cada día de mi vida.*

L HOMBRE natural no acepta las cosas del Espíritu de Dios, porque para él son locura. —1 Cor 2:14

DIC. 1

REFLEXIÓN. Si adoptamos una lógica terrenal, nos llevará a conclusiones que no siempre son coherente con nuestra fe. El mundo nos enseña a perseguir nuestros propios intereses, a vengarnos de los que nos han hecho daño, a tratar de tener éxito eclipsando a los demás.

Éstos no son los caminos del Espíritu.

ORACIÓN. *Que todos mis pensamientos y mis metas sean en harmonía con Tu lógica, oh Espíritu de Dios.*

L OÍR la noticia, el Espíritu de Dios descendió sobre él y se encendió en ira.

—1 Sam 11:6

DIC. 2

REFLEXIÓN. El rey Saúl se enteró de los sufrimientos de sus compatriotas y se llenó justamente de un espíritu de ira.

A menudo el Espíritu utiliza lo que sucede en nuestras vidas para desencadenar una respuesta fuerte (p.ej., ira, disgusto) a fin de que luchemos por la justicia para nosotros y especialmente para aquellos que no pueden defenderse.

ORACIÓN. *Espíritu de Dios, concede que reconozca Tu voz que a veces resuena a través de mis sentimientos y emociones.*

OR TANTO, vayan y hagan discípulos a todas las naciones, bautizándolos en el nombre del Padre, y del Hijo, y del Espíritu Santo.

—Mt 28:19

DIC. 3

REFLEXIÓN. El Espíritu Santo nos invita, como invitó a San Francisco Javier, a compartir nuestra fe con los demás. Esta fe, don del Espíritu, es el regalo más precioso que podemos dar a los demás.

¿Estoy dispuesto a compartir mi fe, especialmente con los que buscan sentido en sus vidas?

ORACIÓN. *Espíritu Santo, dame el valor de compartir mi fe por medio de mis palabras y obras.*

¿NO SABEN que su cuerpo es templo del Espíritu Santo, Quien está en ustedes ... y que no pertenecen a ustedes mismos? —1 Cor 6:19

DIC. 4

REFLEXIÓN. Dios no nos creó para ser egocéntricos y egoístas. Él nos creó para vivir con dignidad.

El Espíritu Santo habita en nuestros corazones. Por eso, nuestros cuerpos son el templo que alberga la presencia de Dios.

ORACIÓN. *Que trate mi cuerpo con el debido respeto, cuidando este don que Dios me ha dado.*

EN LA sabiduría hay un espíritu que es todopoderoso y que todo lo ve. . . —Sb 7:23

DIC. 5

REFLEXIÓN. Vivimos en un mundo donde las cosas, en ocasiones, parecen estar fuera de control. Los desastres que enfrentamos en la tierra parecen estar guiados por las fuerzas del mal.

Es un acto de fe creer con todo nuestro corazón que Dios es todopoderoso y también que Él puede actuar a fin de que el bien resulte de esos desastres.

ORACIÓN. *Creo, oh Espíritu de Sabiduría, que Tú guías todos los acontecimientos de mi vida.*

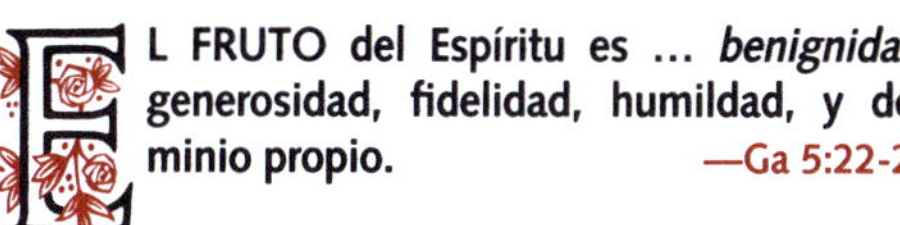

EL FRUTO del Espíritu es ... *benignidad,* generosidad, fidelidad, humildad, y dominio propio. —Ga 5:22-23

DIC. 6

REFLEXIÓN. La tradición de San Nicolás, que se desarrolló en la historia de Santa Claus, nos recuerda que Dios nos invita a compartir los tesoros que Él nos ha dado (ya sean tesoros financieros, de tiempo, o de talento).

Cuanto más se nos ha dado, tanto más se nos llama a compartir con aquellos que menos tienen.

ORACIÓN. *Mientras me preparo para la Navidad, oh Señor, lléname con Tu Espíritu de bondad y generosidad.*

SUBA mi oración a Ti como incienso, sea el alzar de mis manos como el sacrificio de la tarde. —Sl 141:2

DIC. 7

REFLEXIÓN. Se dice que el incienso es un símbolo de cómo nuestras oraciones se elevan a los cielos donde el Espíritu Santo las presenta al Padre.

Pero la oración no es sólo niebla o humo que se dispersa rápidamente. También cambia poderosamente la realidad, porque el Espíritu emplea estas palabras llenas de Dios para transformar este mundo en el reino de Dios.

ORACIÓN. *Que cada uno de mis respiros, oh Espíritu de Dios, sea una oración que se eleve hasta los cielos.*

ÚHAS escrudiñado mi corazón y me has examinado durante la noche. Me has probado y no has encontrado maldad en mí. —Sl 17:3

DIC. 8

REFLEXIÓN. El Espíritu Santo colmó de amor a la Santísima Virgen desde el momento de su concepción para que nunca experimentara el daño del primer pecado ni ella misma pecara.

Le pedimos ayuda para purificar nuestros corazones y vidas a fin de que tengamos su libertad y su amor.

ORACIÓN. *Inmaculada Virgen María, ruega por nosotros.*

SI AGRADA a Dios Todopoderoso, lo llenará de espíritu de inteligencia. —Sir 39:6

DIC. 9

REFLEXIÓN. Podemos aprender muchas cosas y también dar nuestro asentimiento de fe, pero no siempre entendamos estas cosas.

Hay momentos de gracia cuando el Espíritu nos da ese don. Aunque sea por un momento, entendemos cosas que antes nos resultaban confusas y misteriosas.

ORACIÓN. *Ayúdame a comprender, Espíritu Santo, Quién eres y qué quieres de mí.*

[UAN el Bautista dijo], "Aquel sobre quien veas descender y permanecer el Espíritu es Aquel que ha de bautizar con el Espíritu Santo." —Jn 1:33

DIC. 10

REFLEXIÓN. Los profetas del Antiguo Testamento y Juan Bautista, el precursor del Mesías, predicaron la conversión. Pero Jesús nos llama a mucho más que a la conversión del pecado. Él nos da el don del Espíritu Santo para unirnos a Dios.

El amor del Espíritu llena el vacío más profundo de nuestro corazón.

ORACIÓN. *Envía Tu Espíritu Santo a mi corazón una vez más, Señor, y lléname con Tu vida.*

NTONCES Eliseo, lleno de una doble porción de su Espíritu, hizo muchas maravillas solamente con su palabra. —Sir 48:12

DIC. 11

REFLEXIÓN. Eliseo pidió una porción doble del espíritu de Elías antes de que Elías fuera llevado al cielo en un carro de fuego. La petición fue concedida; de hecho, Eliseo pudo realizar grandes milagros.

Pedir el don del Espíritu no es egoísmo si se intente utilizar el don para el bien de los demás y la gloria de Dios.

ORACIÓN. *Concédeme, Espíritu de Dios, el don que más necesito, el don de ....*

¿DONDE puedo ir a esconderme de Tu Espíritu? ¿Adónde puedo huir de Tu presencia? **—Sl 139:7**

DIC. 12

REFLEXIÓN. A veces queremos que Dios no nos mire porque nos avergonzamos por lo que hemos hecho. Por eso, cuando pecaron, Adán y Eva se escondieron.

Pero, no es posible huir del Espíritu de Dios, porque el Espíritu nos conoce mejor que nosotros mismos.

ORACIÓN. *Señor, que yo nunca haga nada que no quisiera que Tú vieras.*

AHORA bien, el Señor es el Espíritu; y donde está el Espíritu del Señor, allí hay libertad. **—2 Cor 3:17**

DIC. 13

REFLEXIÓN. ¿Qué significa ser libre? No es poder hacer lo que queremos hacer. Esto sería esclavizarnos a nuestras pasiones.

La verdadera libertad es vivir en el amor del Espíritu Santo que nos llama a la generosidad y a la disponibilidad. El Espíritu Santo nos enseña el verdadero significado del amor.

ORACIÓN. *Guíame a Tu libertad, oh Espíritu de Dios, y preservame del pecado.*

O DESCUIDES el don que te ha sido dado, mediante profecía, con la imposición de las manos del presbiterio.

—1 Tim 4:14

DIC. 14

REFLEXIÓN. En los primeros días de la Iglesia, los Apóstoles transmitieron su autoridad mediante la imposición de manos. El Espíritu Santo actúa a través de los sacramentos para continuar la acción de Cristo sobre la tierra.

Es bueno reflexionar sobre cada uno de los sacramentos y preguntarnos qué nos revelan sobre Cristo y la Iglesia.

ORACIÓN. *Espíritu de Dios, siempre cerca, ayúdame a experimentar Tu presencia y acción a través de los sacramentos.*

L QUE escudriña los corazones sabe cuál es la intención del Espíritu, porque el Espíritu intercede por los santos conforme a la voluntad de Dios.

—Ro 8:27

DIC. 15

REFLEXIÓN. Es bueno saber que alguien siempre está junto a nosotros y nos ayuda. El Espíritu Santo intercede por nosotros elevando nuestras necesidades y oraciones al Padre.

El Espíritu desea lo que es bueno para nosotros, aun cuando nosotros mismos no sabemos lo que sea bueno.

ORACIÓN. *Espíritu de Dios, intercede por mí ante el Padre.*

L ESPÍRITU de Dios me hizo; el aliento del Todopoderoso me da vida.

—Job 33:4

DIC. 16

REFLEXIÓN. A veces pensamos en la creación como algo que sucedió hace mucho tiempo, y ahora el mundo continúa por su cuenta. Job nos recuerda que Dios sigue dándonos vida en cada momento.

Cada momento es un regalo de Dios, cada flor una continuación del milagro del amor creador de Dios.

ORACIÓN. *Abre mis ojos, oh Espíritu Creador, a las maravillas que se desarrollan ante mis ojos.*

ENIÁ siete cuernos y siete ojos, que son los siete espíritus de Dios enviados por toda la tierra.

—Ap 5:6

DIC. 17

REFLEXIÓN. En la literatura apocalíptica, los cuernos representan autoridad. Siete es el número perfecto, por lo que Jesús posee toda la autoridad de Dios.

Los ojos representan la posesión de los dones del Espíritu. Siete ojos significan que Jesús rebosa de estos dones.

ORACIÓN. *Jesús, Tú posees toda autoridad en el cielo y en la tierra. Derrama Tu don del Espíritu sobre mí y sobre la Iglesia.*

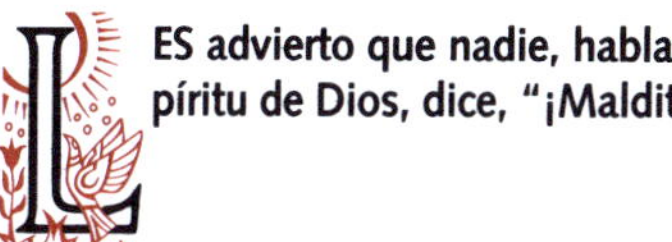

ES advierto que nadie, hablando por el Espíritu de Dios, dice, "¡Maldito sea Jesús!" —1 Cor 12:3

DIC. 18

REFLEXIÓN. Algunos en la comunidad de Corinto querían rechazar a Jesús porque pensaban que Su cuerpo material Lo hacía inferior a los seres totalmente espirituales. Hasta Lo maldijeron, diciendo que ellos hablaban por el Espíritu Santo.

San Pablo le dice a la comunidad que el Espíritu nos lleva a adorar a Jesús porque Él es Dios y hombre.

ORACIÓN. *Bendito sea Jesús, Quien es Dios y hombre, existiendo desde toda la eternidad y habiendo nacido en un establo.*

A SABIDURÍA, siendo una, todo lo puede y todo lo renueva. —Sb 7:27a

DIC. 19

REFLEXIÓN. Podemos sentirnos frustrados en nuestra vida espiritual porque parece que no podemos progresar tanto como queríamos.

Sin embargo, al entregar nuestro corazón al Espíritu, podemos ser renovados. No podemos hacerlo solos, pero con la gracia de Dios, todo es posible.

ORACIÓN. *Lléname, Espíritu Santo, con Tu gracia para que pueda obedecer Tu voluntad.*

I HAY alguna consolación en Cristo, si algún consuelo de amor, si alguna comunión en el Espíritu. . . completen mi gozo teniendo un mismo parecer. . . **—Flp 2:1-2**

DIC. 20

REFLEXIÓN. La mayor alegría de San Pablo consistía en escuchar que aquellos a quienes conocía y amaba en Filipos estaban viviendo una vida cristiana ejemplar.

No era una cuestión de orgullo egoísta. Era una santa satisfacción el hecho de que el Reino había amanecido en sus corazones.

ORACIÓN. *Al acercarnos a la Navidad, que mi familia sea un ejemplo de paz llena del Espíritu.*

L RESPLANDECE como una luz para los rectos en la oscuridad; la clemencia, la misericordia, y la justicia son sus sellos distintivos. **—Sl 112:4**

DIC. 21

REFLEXIÓN. Mientras nos acercamos al día más corto del año, podemos reflexionar sobre cuánto necesitamos la luz del mundo cuyo nacimiento celebraremos en unos días.

Es sólo en Su luz que comprendemos el verdadero significado de las palabras clemencia, misericordia, y justicia.

ORACIÓN. *Espíritu Santo, abre mis ojos para que vea la luz de Cristo y mi corazón para que me llene de Sus virtudes.*

ACARÍAS fue lleno del Espíritu Santo y profetizó, "Bendito sea el Señor, Dios de Israel." —Lc 1:67-68

DIC. 22

REFLEXIÓN. A la luz del Espíritu Santo, Zacarías pudo comprender que el nacimiento de su hijo, Juan el Bautista, era una señal de que Dios estaba cumpliendo Sus promesas a Israel.

Las personas a su alrededor sólo vieron a un bebé normal; Zacarías vio un milagro de gracia. A la luz de esto, podía hacer una cosa sola: alabar al Señor.

ORACIÓN. *San Juan Bautista, ruega por nosotros.*

NSÉÑAME a hacer Tu voluntad, porque Tú eres mi Dios. Que Tu Espíritu bondadoso me conduzca por una tierra llana. —Sl 143:10

DIC. 23

REFLEXIÓN. El salmista ve su vida como un camino cuyo origen y meta es Dios. No puede esperar encontrar el camino de regreso a casa a menos que sea guiado allí por el Espíritu de Dios.

Él reza para que el camino no sea demasiado arduo (montañas, simas, etc.), no sea que se pierda y se desanime.

ORACIÓN. *Dios, ensancha el camino y allana el sendero que me llevará de regreso a Ti.*

L ESPÍRITU y la Esposa dicen, "¡Ven!" El que oye, diga, "¡Ven!" —Ap 22:17

DIC. 24

REFLEXIÓN. Durante el Adviento, en realidad, esperamos dos venidas. Obviamente, esperamos el nacimiento de Jesús en Belén, fiesta que celebramos mañana.

Pero también esperamos la venida de Jesús en gloria al final de los tiempos. El Espíritu Santo nos recuerda que no vivimos sólo en el presente. Debemos mantener nuestros ojos fijos en la eternidad.

ORACIÓN. *Dame la perspectiva correcta, Espíritu de Dios, para que pueda vivir por la eternidad.*

ORQUE la sabiduría es un aura del poder de Dios y una emanación pura de la gloria del Todopoderoso. —Sb 7:25

DIC. 25

REFLEXIÓN. Los antiguos a menudo hablaban de la luz en términos de su pureza y poder. Era una de las pocas realidades que podía dar a los seres humanos una idea de la gloria de Dios.

El Espíritu Santo es a la vez un reflejo de la gloria del Padre y del Hijo y también una fuente de luz para iluminar los rincones más oscuros de nuestra alma.

ORACIÓN. *Espíritu Santo de Sabiduría, haz resplandecer Tu luz de verdad y gloria sobre mí.*

STEBAN, lleno del Espíritu Santo, fijó la vista en el cielo y vio la gloria de Dios y a Jesús de pie a la diestra de Dios. —He 7:55

DIC. 26

REFLEXIÓN. Esteban fue el primer mártir de la Iglesia. El Espíritu Santo le concedió el valor de dar testimonio de Jesús con su muerte.

Esto cumplió la promesa de Jesús de que sabremos qué decir cuando seamos sometidos a juicio por nuestra fe.

ORACIÓN. *Concédeme, Señor, que siempre sepa qué decir cuando se me desafía a dar testimonio de mi fe.*

UANDO [Pedro y Juan] llegaron allí [Samaria], oraron por ellos para que recibieran el Espíritu Santo. —He 8:15

DIC. 27

REFLEXIÓN. El pueblo judío en la época de Jesús odiaba a los samaritanos. Los consideraban judíos herejes. Sin embargo, el Espíritu Santo guió a los Apóstoles y discípulos a Samaria para anunciarles el evangelio.

El Espíritu Santo sana las heridas causadas por el prejuicio y el juicio.

ORACIÓN. *Condúceme, Espíritu de Dios, hacia aquellos que más necesitan escuchar Tu Palabra.*

SÍ como entonces, el hijo que nació según la carne persiguió al hijo que nació por el Espíritu. —Ga 4:29

DIC. 28

REFLEXIÓN. San Pablo se refiere a los dos hijos de Abraham como hijos de la carne (esclavitud) y del espíritu (libertad). Él compara esto con la ley y la fe.

Sin embargo, si vivimos en la libertad del Espíritu, no es que todo irá bien. Siempre hay un costo cuando damos testimonio de la verdad.

ORACIÓN. *Señor, dame el valor de vivir en Tu libertad y de dar testimonio de Tu amor.*

I VIVIMOS por el Espíritu, andemos también guiados por el Espíritu. No seamos vanidosos . . . —Ga 5:25-26

DIC. 29

REFLEXIÓN. Los Dones del Espíritu no deberían llenarnos de orgullo. Son regalos que nos fueron dados en fideicomiso. El Espíritu quiere que los usemos para servir a los demás.

¿Soy una persona humilde?

ORACIÓN. *Concédeme gloriar sólo en Ti, oh Espíritu de Dios, y nunca tratar los dones que me has dado como si fueran míos.*

L TEMOR del Señor es la raíz de la sabiduría, y sus ramas se encuentran en la longevidad. —Sir 1:18

DIC. 30

REFLEXIÓN. Si vivimos con la actitud correcta de temor reverencial hacia Dios, entonces prosperaremos. Esto no significa que seremos ricos o que siempre seremos felices, pero ciertamente seremos llenos del gozo de Dios.

Nuestros días, por largos o cortos que sean, serán significativos y bendecidos.

ORACIÓN. *Señor, haz que yo siempre esté asombrado de Tu grandeza y nunca deje de alabarte.*

IENTRAS ministraban al Señor y ayunaban, el Espíritu Santo dijo, "Apártenme a Bernabé y a Saulo." —He 13:2

DIC. 31

REFLEXIÓN. Cuando oramos y ayunamos, abrimos nuestro corazón a las inspiraciones del Espíritu Santo. Podemos discernir la misión que el Espíritu ha escogido para nosotros.

Mientras celebramos el fin del año y formulamos nuestras resoluciones de Año Nuevo, debemos escuchar este Espíritu con oración y ayuno.

ORACIÓN. *Que este Año Nuevo sea un año santo, lleno de Tu amor, oh Señor.*

SEMANA SANTA

DOMINGO DE RAMOS

DIOS ungió a Jesús de Nazareth con el Espíritu Santo y con poder. Él anduvo haciendo el bien y sanando a todos. —He 10:38

REFLEXIÓN. En el Domingo de los Ramos, toda la multitud estaba llena de entusiasmo. Iluminados por el Espíritu Santo, ellos reconocieron quién era Jesús: el Hijo de David.

Sin embargo, fueron algunas de las mismas personas que exigieron Su muerte al cabo de tres días.

ORACIÓN. *Que mi entusiasmo por Ti, oh Señor, nunca se convierta en rechazo o indiferencia.*

JUEVES SANTO

HE AQUÍ, Yo estoy a la puerta y llamo; si alguno oye Mi voz y abre la puerta, entraré a él... —Ap 3:20

REFLEXIÓN. Hay muchas imágenes que describen la relación a la que Dios nos llama en el Espíritu Santo: somos hijos de Dios, hermanos y hermanas de Cristo, Sus amigos, Sus colaboradores, etc.

Aquí se nos pide que seamos Sus compañeros (lo que significa compartir el pan con Él).

ORACIÓN. *Que yo siempre adore la Sagrada Eucaristía como el cuerpo y la sangre de Cristo.*

VIERNES SANTO

IENDO el sumo sacerdote ese año, profetizó que Jesús había de morir por la nación. —Jn 11:51

REFLEXIÓN. Aquellos que habían elegido un mal camino decidieron matar a Jesús, pero Dios usó sus odiosas acciones para producir un buen resultado. Es a través de la muerte de Jesús que hemos adquirido la salvación.

El Espíritu de Dios puede transformar cada cruz en un momento de gracia.

ORACIÓN. *Transforma mis dificultades y quebrantamiento en Tu amor, oh Espíritu de Dios, para que sean momentos de gracia.*

SÁBADO SANTO

L QUE cree en Mí, como dice la Escritura, "De su interior correrán ríos de agua viva." —Jn 7:38

REFLEXIÓN. Los ríos de agua viva de que habla Jesús son la vida del Espíritu Santo que fluye en nuestros corazones.

Así como el soplo de Dios hizo de Adán un ser viviente, así también el agua viva del Espíritu Santo nos da vida abundante.

ORACIÓN. *Apaga la sed de mi corazón, oh Espíritu vivificante de Dios, y renueva Tu vida en mí.*

DOMINGO DE PASCUA

SÍ también es la resurrección de los muertos.... Lo que se siembra es un cuerpo natural, lo que resucita es un cuerpo espiritual.

—1 Cor 15:42-44

REFLEXIÓN. Cuando Jesús resucitó de entre los muertos, tenía un cuerpo glorificado. No estaba sujeto a las limitaciones de tiempo o espacio. Nunca iba a morir de nuevo.

Lo que Le pasó a Él el Domingo de Resurrección nos pasará a cada uno de nosotros que somos fieles a Su Palabra.

ORACIÓN. *Elévame, oh Espíritu de Dios, y dame una participación eterna en Tu vida.*

OTROS LIBROS CATÓLICOS EXCEPCIONALES

CADA DÍA ES UN DON—Contiene meditaciones para cada día, presentando un texto de las Sagradas Escrituras, una cita de los escritos de un Santo y una oración adecuada impresa en dos colores. Incluye una cinta marcadora. **No. 595/19S**

IMITACIÓN DE CRISTO—Por Thomas à Kempis. Aquí está la nueva edición que es fácil de leer. **No. 321/00S**

MEDITACIONES DE UN MINUTO PARA CADA DÍA—Por el Rev. Bede Naegele, O.C.D.—Este hermoso libro contiene un texto bíblico, una condensada reflexión, y una oración final. Impresa en dos colores. **No. 190/19S**

MARÍA DÍA POR DÍA—Meditaciones sobre la Virgen María para cada día del año, incluyendo: un texto bíblico, una cita de un Santo, y una oración final. Impresa en dos colores. **No. 180/19S**

LIBRO CATOLICO DE ORACIONES—Por el Rev. M. Fitzgerald. Tipo grande. Contiene oraciones Católicas favoritas. para todos los días; para la Misa; a la Sma. Trinidad; a María; y los Santos. Ilustrado en color. **No. 438/S**

TESORO DE NOVENAS—Por el Rev. Lorenzo Lovasik, S.V.D. Unas cuarenta Novenas populares, esmeradamente preparadas para uso privado dentre del marco litúrgico y Fiestas del Señor, de María y de algunos Santos. Ilustrado en color. **No. 346/22S**

LIBRO DE LOS SANTOS—Las vidas de los Santos ilustradas a todo color para jóvenes y adultos. Este magnífico libro representa las vidas de más de 100 Santos en palabras e imagenes. **No. 236/S**

LA BIBLIA ILUSTRADA—Historias bíblicas para toda la familia. Tipo grande, ilustraciones a todo color. **No. 436/22S**

---

catholicbookpublishing.com

ISBN 978-1-958237-32-8
90000
9 781958 237328